Professionelle KONFLIKTBEWÄLTIGUNG in der Kita

IMPRESSUM

ISBN: 978-3-96046-255-2

Professionell und stark in der Kita

Professionelle Konfliktbewältigung in der Kita
Impulse, Übungen und Praxistipps für gute Kommunikation im Kita-Team

Redaktion Myriam Bork
Autorin Alexandra Karr-Meng
Gestaltung und Satz DOPPELPUNKT, Stuttgart
Druck Grafik Media Produktionsmanagement, Köln

Klett Kita GmbH
Rotebühlstr. 77
70178 Stuttgart
www.klett-kita.de

BILDNACHWEIS

S. 19: Mack15/GettyImages S. 25 urfinguss/GettyImages

Cover: undrey/GettyImages
Monster: Freepik.com
Rahmen: Freepik.com/rawpixel.com

INHALT

VORWORT

> *Du hast die Konflikte nicht im Griff, solange sie dich im Griff haben.*
> *(Michael Marie Jung)*

Konflikte gehören zu unserem Leben, sie begegnen uns immer wieder und manche verfolgen uns ein Leben lang. Konflikte mit Kolleg:innen, Vorgesetzten, Freund:innen und der Familie. Jeder hat sie, keiner mag sie. Wir möchten sie vermeiden, ignorieren sie vielfach oder wollen sie möglichst schnell lösen. Doch so einfach geht das nicht immer, wir müssen sie manchmal auch einfach aushalten.

Konflikte haben ein schlechtes Image, doch sie bringen uns weiter und wir lernen bei jedem Konflikt dazu. Natürlich machen sie keine Freude und niemand ist glücklich, wenn es wieder mal Streit gibt. Doch wir können lernen, dass Unstimmigkeiten und Konflikte normal sind und niemand in ständiger Harmonie leben kann. Überall wo Menschen zusammenleben oder -arbeiten, treffen unterschiedliche Bedürfnisse aufeinander und jeder Mensch möchte, dass seine Bedürfnisse erfüllt werden.

Daher es ist wichtig, über Unstimmigkeiten zu sprechen und kritische Punkte zu benennen, denn unverarbeitete Konflikte machen auf Dauer krank und lassen Situationen eskalieren. Leider fehlt dafür im hektischen Alltag manchmal die Zeit oder auch der Mut. Wir verdrängen die Konflikte, sitzen sie aus und hoffen, dass sie sich irgendwann von selbst lösen. Das passiert jedoch im seltensten Fall. Je mehr Zeit verstreicht, desto schwerer wiegt der Konflikt und alle Beteiligten werden unzufrieden.

Durch den offenen Umgang mit Kritik und das beherzte Zugehen auf schwelende Konflikte gewinnen Sie an Mut und Stärke. Es fällt keinem leicht, doch wenn Sie sich trauen, über unschöne Dinge zu sprechen, werden Sie erkennen, dass sich oft ungeahnte Lösungen ergeben.

Da Konflikte immer starke Emotionen wie Wut, Enttäuschung, Trauer, Angst auslösen, verunsichern sie uns. Wir beginnen uns und unser Gegenüber zu hinterfragen und malen uns die schlimmsten Szenarien aus. Häufig glauben wir an einen negativen Ausgang oder an einen Bruch in der Beziehungsebene. Doch das muss nicht sein.

Konflikte können durchaus auch eine positive Wendung mit sich bringen. Ein Gewitter reinigt die Luft – so kann das auch mit Konflikten sein, die Sie wertschätzend und respektvoll angehen.

Ich möchte Sie mit diesem Buch ermutigen und unterstützen, Konflikte konstruktiv anzugehen, Verständnis für Ihr Gegenüber zu entwickeln, tragfähige Lösungen zu finden, Ihr Verhalten im Konfliktfall zu reflektieren und, falls nötig, zu verändern.

Begeben wir uns zusammen auf eine Reise zu Ihren ganz persönlichen Verhaltensweisen, Triggerpunkten und Blockaden im Konfliktfall. Entdecken Sie Reflexionen und Übungen, die Sie unterstützen, Konflikte anzupacken und sich dabei nicht selbst aus den Augen zu verlieren. Denn es ist immer gut, wenn man auf Konflikte vorbereitet ist und sie zu händeln weiß.

Herzliche Grüße

Alexandra Karr-Meng

www.karr-meng-coaching.de

Alexandra Karr-Meng wurde 1974 in Saarbrücken geboren und lebt mit ihrer Familie im saarländischen Neunkirchen. Seit 2004 hat sie ihre Leidenschaft für Menschen zum Beruf gemacht und arbeitet als Systemische Beraterin, Coach und Trainerin. Sie unterstützt Unternehmen und Menschen in den Themenbereichen Resilienz, Change Management, Führung, Teamentwicklung, Kommunikation und Achtsamkeit. Als Autorin veröffentlichte sie die Bücher „Kinder achtsam erziehen" und „Weniger schimpfen, weniger schreien" im Humboldt-Verlag. Darüber hinaus erscheinen regelmäßig Beiträge im Saarländischen Rundfunk und bei Klett Kita.

ALLES EINE SACHE DER WAHRNEHMUNG

Jeder Mensch hat eine andere Wahrnehmung. Mehrere Personen erleben im Alltag die gleiche Situation und jede Person nimmt diese anders wahr. Das heißt nicht, dass jemand die Wahrheit verdreht oder bewusst verändert. Wahrnehmung ist subjektiv. Wir nehmen die Einflüsse und Ereignisse von außen mit unseren Sinnen wahr, verarbeiten diese und verknüpfen sie mit Erfahrungen, die wir bereits gemacht haben. Diese Erfahrungen sind nun mal bei jedem Menschen unterschiedlich und so kommen auch die verschiedenen Wahrnehmungen zustande.

WAHRNEHMUNG UND BEWERTUNG

Wir nehmen ständig Informationen durch Reize aus der Umwelt wahr und verarbeiten sie. Durch unsere fünf Sinne (Sehen, Hören, Riechen, Fühlen, Schmecken) entdecken wir die Welt und bewerten das Erlebte anschließend. Unbewusst und bewusst nehmen wir Eindrücke auf und mischen sie mit dem, was wir schon wissen und kennen. So machen wir uns ein Bild von unserer Welt.

Geschichte: Der Elefant

Ein König wollte wissen, was ein Elefant ist. Er schickte seine fünf blinden Gelehrten aus, um dies in Erfahrung zu bringen. Sie reisten nach Indien und wurden von Helfern zu einem Elefanten geführt. Als sie zurück zum König kamen, berichteten sie ihm von dem Elefanten. Der erste Gelehrte hatte am Kopf des Elefanten gestanden und den Rüssel betastet. Er sprach: „Ein Elefant ist wie ein langer Arm." „Nein", sagte der zweite Gelehrte, „ein Elefant ist wie ein großer Fächer." Er hatte das Ohr des Tieres erstastet. „Das stimmt doch nicht", sagte der dritte Gelehrte, „ein Elefant ist eine dicke Säule." Er hatte das Bein berührt. Der vierte Gelehrte sprach: „Ein Elefant ist eine kleine Strippe mit Haaren daran." Er hatte den Schwanz des Elefanten erstastet. Und der fünfte Gelehrte sagte: „Also, ich bin der Meinung, dass ein Elefant eine riesige Masse mit Rundungen und Borsten daraus ist." Er hatte den Rumpf des Tieres berührt. Nach diesen widersprüchlichen Aussagen befürchteten die Gelehrten den Zorn des Königs. Doch dieser sprach: „Ich danke euch, jetzt weiß ich, was ein Elefant ist." Die Gelehrten senkten beschämt die Köpfe, als sie erkannten, dass jeder von ihnen nur einen Teil des Elefanten ertastet hatte und sie sich zu schnell damit zufriedengegeben hatten. (Verfasser unbekannt)

DIE WAHRHEIT IST IMMER SUBJEKTIV

Mit Konflikten verhält es sich wie in dieser Geschichte. Die Beteiligten sehen erst einmal nur ihre Seite und glauben sich im Recht. Das Gegenüber ist schuld und verhält sich falsch. In meinem Alltag führe ich häufig Mediationen durch, und im Vorfeld spreche ich mit allen Beteiligten zuerst alleine. Sie schildern mir dann den Konflikt aus ihrer Sichtweise. Meistens höre ich ganz unterschiedliche Geschichten. Man könnte meinen, dass es sich nicht um den gleichen Sachverhalt handelt. Das liegt daran, dass jede Person den Konflikt aus ihrer Brille sieht und ihr Wahrnehmungsfokus auf den Punkten liegt, die ihr wichtig sind.

Ziel einer Mediation ist es immer, den Blickwinkel zu verändern und über den Tellerrand zu schauen: Wenn jeder etwas von seinem schwarzen oder weißen Standpunkt abrückt, entsteht ein Grau mit vielen Schattierungen.

Dieses Grau kann man aber nur erkennen, wenn man die Perspektive wechselt und sich in das Gegenüber hineinversetzt. Im Konfliktfall ist es immer so, dass niemand gänzlich recht hat. Es gibt immer Argumente, die für die eine oder die andere Seite sprechen. Und es geht auch überhaupt nicht ums Rechthaben. Es geht darum, Lösungen zu finden, mit der alle gut leben können.

Beispiel: Nicht zu voreilig

Mandy arbeitet erst seit vier Wochen in der Kita Sonnenschein. Sie mag ihre Leitung nicht besonders gerne. Mandy findet sie unfreundlich und arrogant. Als sie eines Morgens ins Leitungsbüro geht, weil sie dort einen Teamordner sucht, grüßt sie die Leitung freundlich. Diese schaut nicht auf und reagiert nicht. Mandy läuft in den Gruppenraum und gibt bekannt, dass die Vorgesetzte mal wieder übellaunig und unfreundlich ist. Bei einem späteren Konfliktgespräch kam heraus, dass die Leitung nach einem Hörsturz vor einigen Jahren schlecht hört und daher auch manche Begrüßung unterging.

Wenn man sich zu sehr auf die eigene Wahrnehmung fokussiert, verliert man das große Ganze aus dem Blick. Man sieht nur noch einen Teil, fixiert sich auf Kleinigkeiten und erwartet bereits ein bestimmtes Verhalten vom Gegenüber. Da genügt ein grimmiger Blick oder eine wortkarge Begrüßung, schon bezieht man das auf sich. Man deutet jede Regung und legt diese der anderen Seite zum Nachteil aus.

Um eine tragfähige Lösung für einen Konflikt zu finden, ist es wichtig, das ganze Bild zu sehen und die Perspektive zu wechseln. Auf der Meta-Ebene stellt sich die Situation vielleicht schon ganz anders dar.

REFLEXION

MEINE WAHRNEHMUNG

Was genau stört mich?

Was nehme ich wahr?

Wie interpretiere ich dies?

Was macht die Situation mit mir?

ÜBUNG

PERSPEKTIVWECHSEL

Was könnte mein Gegenüber stören?

Warum könnte mein Gegenüber sich so verhalten?

Welche Argumente sprechen für mein Gegenüber?

ZAUBERWORT EMPATHIE

> *Geh hundert Schritte in den Schuhen eines anderen, wenn du ihn verstehen willst.*
>
> *(Indianische Weisheit)*

Empathie ist die Grundlage unseres Zusammenlebens: sich in andere Lebewesen hineinversetzen zu können, ihre Empfindungen, Gedanken, Emotionen und ihr Weltbild verstehen zu wollen. Das leben Sie tagtäglich in Ihrem Beruf, und es ist bestimmt eine Selbstverständlichkeit für Sie. Doch wenn Sie mit jemandem streiten, extrem gestresst sind und an Ihre Grenzen kommen, kann Ihre Empathie in den Hintergrund treten. Verständlicherweise sind Sie in diesem Moment ganz auf Ihre Wünsche und Bedürfnisse fokussiert, eigene Emotionen kochen hoch und werfen Sie vielleicht aus der Bahn.

Besonders in Konfliktsituationen ist es hilfreich, wenn man sich verstanden fühlt und die andere Seite ehrliches Interesse zeigt. Dadurch beruhigen sich die Emotionen, und man ist schneller bereit, auf den anderen zuzugehen und Lösungen zu finden. Dabei ist es wichtig, dass man gewillt ist, die Argumente des anderen zu verstehen und dessen Blickwinkel einzunehmen. Nur ehrlich gemeintes Interesse und klare, wertschätzende Kommunikation sind hier gefragt.

Beispiel: Mitglied im Projektteam

Jette ist sehr beliebt bei Eltern, Kolleg:innen und Kindern. Sie hat immer ein offenes Ohr für alle, kann sich gut auf andere Menschen einstellen und findet selbst im schwierigsten Gespräch eine gute Lösung für alle und ist offen für Neues. Jetzt wird in ihrer Einrichtung eine neue App getestet, mit der die Eltern das Mittagessen bestellen, ihre Kinder an- und abmelden und wichtige Informationen sofort einsehen können. Jette wäre gerne im Pilotteam für diese App. Sie kommuniziert das auch der Leitung, doch diese benennt eine andere Kollegin, die medial sehr affin ist, für das Projektteam. Darüber ärgert sich Jette sehr. Sie ist so wütend, dass sie in den nächsten Tagen schlecht gelaunt zur Arbeit kommt und nur noch das Nötigste mit der Leitung redet.

AUFRICHTIGES AUFEINANDERZUGEHEN IST NÖTIG

Nimmt man das Gegenüber nicht ernst, versucht man, seine Argumente klein zu machen, oder heuchelt man Empathie, weil man das so in einem Seminar gelernt hat, fällt das sofort auf. Wenn es um Streitigkeiten geht, sind unsere Antennen noch feiner.

Daher sollten Sie frühzeitig Verständnis für das Gegenüber entwickeln und Ihre ehrliche Empathie zum Ausdruck bringen. Je früher man dem anderen signalisiert: „Ich kann dich verstehen, wir finden eine gute Lösung für alle!", desto seltener verhärten sich die Fronten und man kann die Sache zeitnah aus dem Weg räumen.

KONFLIKTE LÖSEN DURCH TRANSPARENZ

Natürlich hätte Jette in unserem Beispiel das Gespräch suchen können. Doch ihr standen ihre Enttäuschung und Frustration im Weg. Jettes Leitung hat bemerkt, dass sie sich zurückzieht und sie darauf angesprochen. Sie hat Jette signalisiert, dass diese eine erfahrene und kompetente Mitarbeiterin ist und eine Bereicherung für das Team. Sie hat ihr auch erklärt, aus welchen Gründen sie die Kollegin ins Projektteam geschickt hat. Ihre Argumente waren für Jette plausibel und der Konflikt wurde aus dem Weg geräumt.

Empathie können wir nur in einem Klima von Respekt und Wertschätzung zeigen. Wenn uns der Ärger und die Wut im Griff haben, tritt die Empathie in den Hintergrund. Dies ist völlig normal, auch starke Emotionen haben ihre Berechtigung. Dann hilft nur noch die Zeit. Schlafen Sie eine Nacht über Ihren Ärger und versuchen Sie am nächsten Tag, beide Seiten der Medaille zu sehen.

KANN MAN EMPATHIE TRAINIEREN?

Es ist toll, wenn Sie zu den Menschen gehören, die mit einer gehörigen Portion Empathie ausgestattet sind. Manchen Menschen gelingt dies mühelos und andere tun sich damit schwerer. Manchmal ist man selbst überfordert und man weiß nicht, wie man reagieren kann, um das Gegenüber mitzunehmen.

Auf der anderen Seite gibt es auch Menschen, die so empathisch sind, dass sie sich alles zu Herzen nehmen und sich für das Leid der Welt verantwortlich fühlen. Mitleid(en) schadet einem auf Dauer aber selbst. Damit es Ihnen nicht schlecht geht, sollten Sie sich nicht in den Problemen Ihres Gegenübers verlieren. Es sind nicht Ihre Probleme, doch Sie können Mitgefühl zeigen.

6 TIPPS FÜR MEHR EMPATHIE

1 GUTE BEOBACHTUNGSGABE

Beobachten Sie Ihre Mitmenschen ganz bewusst. Wie verhalten sie sich, wenn sie glücklich, traurig oder wütend sind? Welche Gesten, Mimik und Körpersprache nehmen Sie wahr? Was sagt Ihnen Stimmlage und Wortwahl? An der Körpersprache können Sie schon früh erkennen, wie es Ihrem Gegenüber geht.

2 NEUTRALITÄT

Besonders wenn Sie für ein Thema brennen und sich gerne einbringen, versuchen Sie erst einmal, neutral zu sein. Brechen Sie nicht gleich vor, lassen Sie auch andere zu Wort kommen und vermitteln Sie. Lassen Sie sich auf andere ein und geben Sie diesen Raum.

3 VORURTEILE ABLEGEN

Gehen Sie offen auf andere Menschen zu. Lassen Sie sich nicht von Vorurteilen, äußeren Umständen, dem Auftreten oder von vorauseilenden Informationen beeinflussen. Bilden Sie sich selbst eine Meinung.

4 INTERESSE ZEIGEN

Echtes Interesse heißt, sich auch für Kleinigkeiten zu interessieren. Wie geht es der Kollegin? Welche Hobbys hat der Kollege? Alles, was das Gegenüber bewegt, ist wichtig. Ganz egal, ob es Träume, Sorgen, Wünsche oder Alltag sind. Seien Sie offen, ohne neugierig oder distanzlos zu sein.

5 ROLLENWECHSEL

Schlüpfen Sie doch einmal ganz bewusst in die Rolle des Gegenübers. Machen Sie Vertretung für die Leitung, unterstützen Sie sie bei der Planung des nächsten Festes, übernehmen Sie das Fußballtraining im Verein. So entwickeln Sie ganz automatisch Verständnis für den anderen.

6 GEDULD

Empathie kann man nicht von heute auf morgen lernen. Das braucht Erfahrung und Übung. Seien Sie daher nicht zu streng mit sich und erzwingen Sie nichts. Denn Empathie muss authentisch sein und nicht gekünstelt und aufgesetzt.

ÜBUNG

MEINE WÜNSCHE – DEINE WÜNSCHE

Überlegen Sie, welche Bedürfnisse/Wünsche Sie haben und welche Bedürfnisse/ Wünsche Ihr Gegenüber haben könnte, und tragen Sie diese ein. Vielleicht können Sie diese Übung auch gemeinsam mit der anderen Person machen. Jetzt geht es um das Grau, vielleicht erkennen Sie schon Gemeinsamkeiten auf beiden Seiten. Was ist die Schnittmenge von Ihnen beiden?

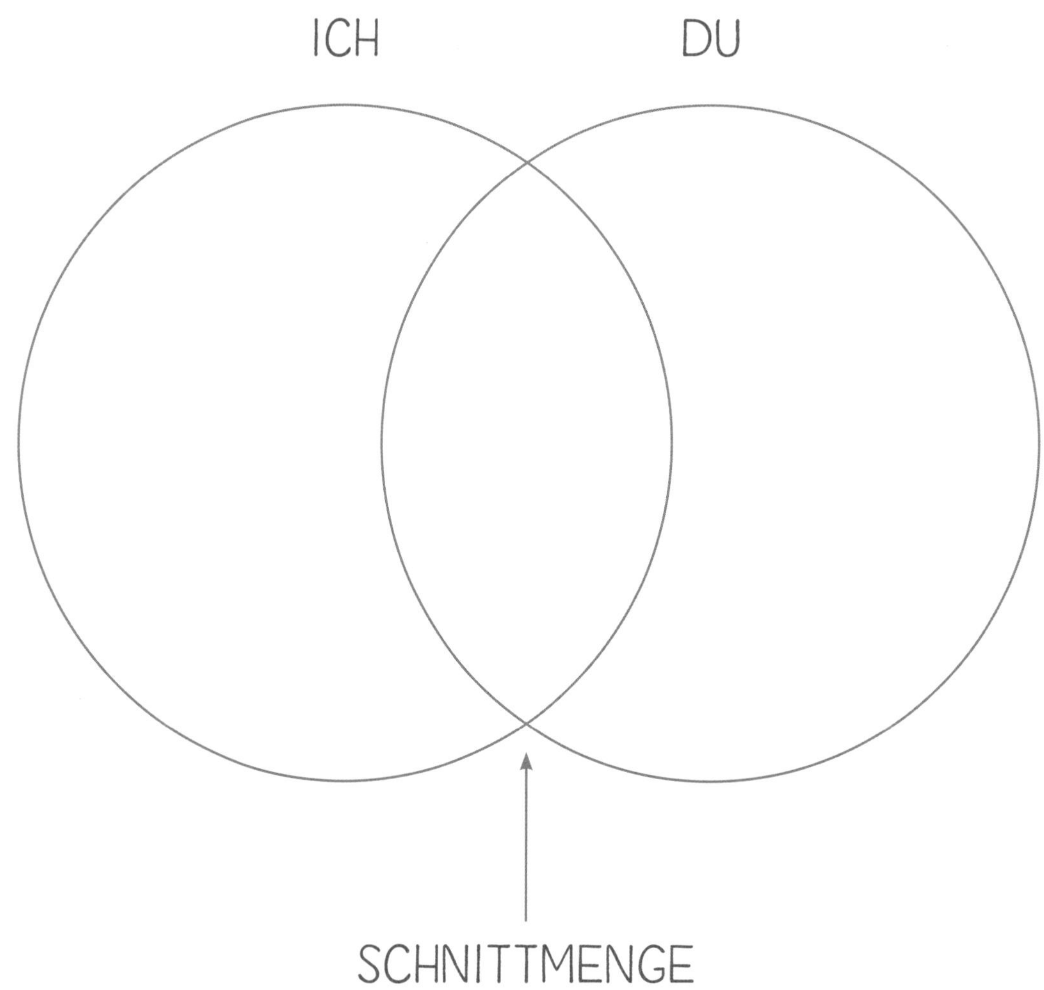

UNTERSCHIEDLICHE KONFLIKTARTEN IM ALLTAG

In unserem Alltag treten eine Menge Konflikte auf. Mal sind sie klein und schnell beseitigt, manchmal fegen sie wie ein Gewitter über uns hinweg. Manche sind still und leise, andere nehmen viel Zeit und Raum in Anspruch und lähmen uns sogar.

Da Konflikte von den meisten Menschen als unangenehm empfunden werden, sind wir häufig froh, wenn sie aus dem Weg geräumt sind. Dann können wir mit unseren gewohnten Routinen weitermachen und in Ruhe und Zufriedenheit unserem Alltag nachgehen. Doch im Nachgang ist es hilfreich, den Konflikt näher zu beleuchten und die Ursache zu finden. Nur so können Sie vermeiden, dass immer wieder ähnliche Konflikte in Ihrem Leben auftreten. Schauen wir uns die Konfliktarten einmal näher an. Es gibt fünf unterschiedliche Arten von Konflikten.

Motivkonflikte

An diesem Konflikt sind nur Sie selbst beteiligt, Sie tragen ihn mit sich aus. Das sind Situationen, in denen Sie sich zwischen zwei Wegen, Dingen oder Menschen entscheiden müssen. Diese inneren Konflikte kosten uns viel Energie. Sie kennen sicherlich das nächtliche Kopfkino und das ständige Hadern.

Typische Motivkonflikte:

- Mache ich nach der Arbeit Sport oder entspanne ich mich?
- Soll ich mich auf die neue Stelle bewerben?
- Teile ich meiner Kollegin meine Unzufriedenheit mit?
- Nehme ich die Einladung bei den Nachbarn an?
- Esse ich einen leckeren Eisbecher oder einen Salat?

Beurteilungskonflikte

Die Konfliktparteien haben das gleiche Ziel, darin herrscht Einigkeit. Sie möchten es jedoch auf unterschiedlichen Wegen erreichen. Im Beurteilungskonflikt geht es um das Wie. Wie machen wir das? Wie wollen wir unser Ziel erreichen?

Typische Beurteilungskonflikte:

- Es soll ein digitaler Schichtplan erstellt werden. A hat andere Ideen bezüglich der Vorgehensweise als B.
- Die Mitarbeitenden möchten eine Weiterbildung besuchen. Sie sind sich uneinig, ob in digitaler Form oder in Präsenz.

Bewertungskonflikte

Zwei Menschen haben ganz unterschiedliche Ziele und wollen diese auch erreichen. Sie argumentieren aufgrund Ihrer Überzeugungen und Wertevorstellungen. Es ist schwer, den anderen mit Argumenten zu überzeugen, da jede Person das Ereignis unterschiedlich bewertet. Die Beteiligten streiten über richtiges und falsches Verhalten.

Typische Bewertungskonflikte:

- A möchte ein Sommerfest veranstalten, B lieber einen gemeinsamen Ausflug machen.
- A findet die Anschaffung des Spielgerätes unnötig, B wünscht sich mehr aktive Angebote im Außenbereich.
- A ist der Meinung, dass das Geschirr sofort nach Benutzung in die Spülmaschine geräumt werden muss, B sieht das locker und räumt alles am Abend ein.

Verteilungskonflikte

Zwei Menschen möchten das Gleiche haben oder nicht haben. Bei Verteilungskonflikten geht es immer um die Verteilung von Ressourcen und Gütern. Jeder erhebt den Anspruch auf eine gerechte Verteilung, und da jeder eine andere Auffassung von Gerechtigkeit hat, kommt es zu Streitigkeiten.

Typische Verteilungskonflikte:

- A ist der Meinung, dass B zu wenig arbeitet.
- B ist der Meinung, dass A zu viel Geld verdient.
- C glaubt, dass D mehr wertgeschätzt wird.
- F ist der Meinung, sie sei die bessere Führungskraft.

Beziehungskonflikte

Zwei Menschen haben eine gestörte Beziehungsebene. Sie mögen sich nicht, sind sich unsympathisch. Ist das der Fall, stört uns an anderen Personen jede Kleinigkeit. Wir fokussieren uns häufig auf die negativen Dinge.

Typische Beziehungskonflikte:

- A kann die offene, kommunikative Art von B nicht leiden.
- C ist enttäuscht von D und vertraut ihm nicht mehr.
- F ist neidisch auf den Erfolg von K.
- I hat Angst vor L und fühlt sich in ihrer Gegenwart unsicher.

WAS SIND DIE HÄUFIGSTEN KONFLIKTE IN UNSEREM ALLTAG?

Es sind die Beziehungskonflikte – sie sind die Ursache aller Konflikte. Denn überall, wo Menschen zusammenleben oder -arbeiten, gehen sie Beziehungen zueinander ein. Sie lernen sich näher kennen, schätzen sich und bauen Vertrauen auf. Wird dieses Vertrauen dann missbraucht oder zerstört, entstehen die ersten Risse in der Beziehung. Man fühlt sich missverstanden, ist wütend, ängstlich, hilflos, zornig, neidisch oder fühlt sich abgewertet. Dadurch stellt man die vorher gute Beziehung in Frage.

Die anderen Konflikte werden vorwiegend auf der Sachebene ausgetragen und lassen sich meist schnell lösen, wenn man sein Gegenüber respektiert und schätzt. Ist die Beziehung zwischen zwei Menschen jedoch gestört, nehmen wir alles sehr genau. Jedes Wort und jede Handlung wird auf die Goldwaage gelegt, jede Äußerung streng bewertet. Stimmt die Beziehung, sind wir wesentlich toleranter und großzügiger in der Bewertung des Gegenübers. 90 Prozent der Konflikte tarnen sich als Sachkonflikte, beruhen jedoch auf Störungen auf der Beziehungsebene.

Beispiel: Motto des Sommerfestes

Peter und Hugo arbeiten schon seit Jahren in der Kita Waldgarten, seit kurzem leitet Hugo die Einrichtung. Nun steht das Sommerfest an und die Mitarbeitenden machen ein Brainstorming bezüglich des Mottos. Hugos Vorschlag setzt sich in einer Abstimmung durch, doch Peter will dies nicht akzeptieren. Er versucht, die Kolleg:innen im Nachgang von einem anderen Vorschlag zu überzeugen, und wird sogar beim Träger vorstellig. Er tut alles, um das Motto zu verhindern.

Was ist hier los? Vordergründig liegt ein Beurteilungskonflikt vor. Doch das ist nicht der wahre Grund: Peter und Hugo haben sich beide auf die Leitungsstelle der Kita Waldgarten beworben – und Hugo hat die Stelle bekommen. Peter ärgert sich darüber und ist neidisch auf Hugo. Er gönnt ihm seinen Erfolg nicht und ist frustriert.

ÜBUNG

KONFLIKTE IN MEINEM ALLTAG

Welche Konflikte treten bei mir auf?

Wie zeigen sich diese?

Wie verhalten sich die Beteiligten?

WIE ENTSTEHEN KONFLIKTE?

Kennen Sie das Eisbergmodell? Bei einem Eisberg ist nur ein kleiner Teil sichtbar über Wasser. Der größte Teil des Eisbergs liegt unter der Wasseroberfläche – dieses Prinzip lässt sich auf Konflikte übertragen. Über der Wasseroberfläche liegt die Sachebene eines Konflikts. Unter der Oberfläche, im Verborgenen, liegt die Beziehungsebene. Dort lauern unsere Gefühle wie Wut, Trauer, Angst, Neid, Eifersucht, Ärger, Misstrauen. Hugo und Peter streiten in dem Beispiel vermeintlich oberhalb der Wasseroberfläche auf der Sachebene über das Motto des Sommerfests. Aber eigentlich geht es um etwas, was im Verborgenen liegt, um verletzte Gefühle oder verlorenes Vertrauen.

DER WEG AUS DEM KONFLIKT

Was können wir nun tun? Wir müssen im Konfliktfall immer zuerst die Beziehungsebene beleuchten und dort nach dem eigentlichen Problem suchen. In meinen Mediationen ging es bisher noch nie um das Problem auf der Sachebene. Es lag immer ein anderes Problem auf der Beziehungsebene darunter. Das kann eine lang zurückliegende Verletzung sein, ein großes Missverständnis, das Gefühl der Zurückweisung oder Abwertung, Enttäuschung oder Vertrauensmissbrauch. Die Verletzung liegt tief, und wenn das Gegenüber auf der Sachenebene etwas tut, mit dem man nicht einverstanden ist, reißen alte Wunden wieder auf.

TAUCHEN SIE AB

Deshalb lohnt es sich immer, einen Blick hinter die Fassade zu werfen und abzutauchen, um unter der Wasseroberfläche zu suchen. Nur so können Sie Konflikte in Ihrem Berufs- oder Privatleben auf Dauer aus dem Weg räumen. Am besten fangen Sie erst einmal bei sich selbst an. Das gelingt oft nicht gleich beim ersten Versuch. Manchmal muss man lange graben und tauchen, denn die Emotionen verstecken sich gerne. Manchmal liegen sie auch ganz unten auf dem Meeresgrund.

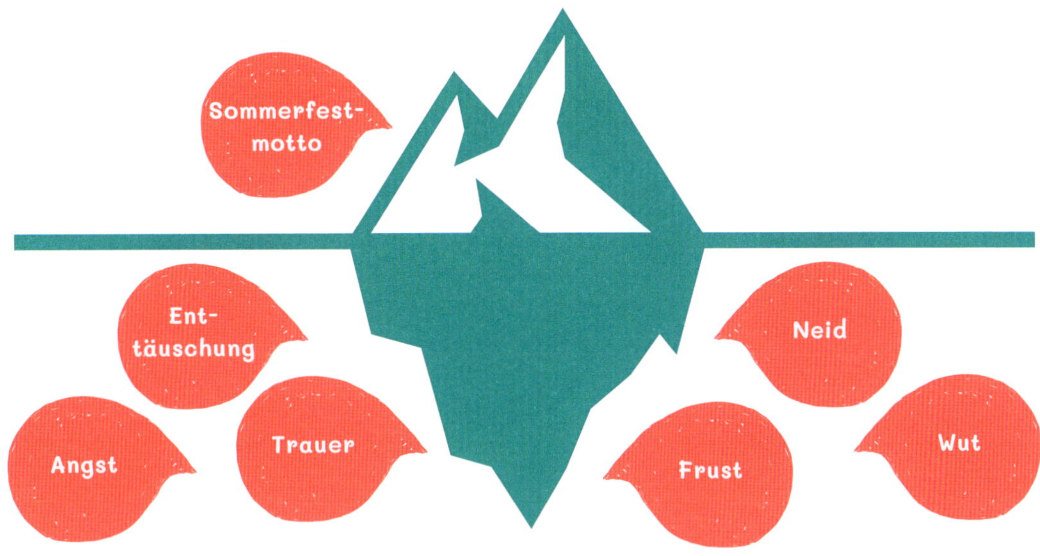

REFLEXION

URSACHEN ENTDECKEN

Reaktion	**Was steckt dahinter?**	**Welche Emotion zeigt sich?**
Streit um die Einteilung zum Elterngespräch	Ich fühle mich benachteiligt, Eva bekommt immer die Vormittagstermine. Sie wird eh ständig bevorzugt.	Frustration, Missgunst, Neid

MEINE WUNDEN PUNKTE

Über manche Situationen ärgern wir uns immer und immer wieder. Manchmal haben wir das Gefühl, dass wir uns in einer Endlosschleife befinden und häufig mit den gleichen Problemen konfrontiert werden. Diese lassen uns keine Ruhe und wir reagieren besonders empfindsam. Wir begegnen immer wieder Menschen oder erleben Situationen, die diese wunden Punkte bei uns anstoßen.

WENN DER SCHMERZ TIEF SITZT

Wenn wir sehr verspannt sind, entstehen verhärtete Stellen in den Muskeln, die auf Druck sehr schmerzhaft sind. Im mentalen Bereich gibt es auch diese verhärteten Stellen, die auf starke Reize reagieren. Die Auslöser können ganz unterschiedlich sein, zum Beispiel das Gefühl,

- missachtet zu werden.
- keine Aufmerksamkeit zu erhalten.
- zu kurz zu kommen.
- klein gemacht zu werden.
- respektlos behandelt zu werden.
- für dumm verkauft zu werden.
- ignoriert zu werden.
- benachteiligt zu sein.

Wenn wir nun im Alltag eine Situation erleben, in der einer dieser Punkte bei uns angesprochen wird, verursacht dieser sofort „Schmerzen". Sie werden schneller wütend, haben sich nicht gut unter Kontrolle, erheben die Stimme, werden unkonzentriert, sind dünnhäutig und ungehalten. Auf der anderen Seite kann man schlecht nachvollziehen, dass Sie wegen einer vermeintlichen Kleinigkeit so extrem reagieren.

EIN BLICK IN DIE KINDHEIT

Oft wurden diese wunden Punkte schon in unserer Kindheit angelegt und haben sich im Laufe der Jahre verfestigt. Als Erwachsene reagieren wir dann oft sensibel auf genau diese Themen – ähnlich wie eine kleine offene Wunde am Körper: Wenn Sie duschen, läuft das Wasser über Ihre Haut, es fühlt sich neutral oder angenehm an. An der offenen Wunde brennt es aber und tut weh.

Sie sollten Ihre ganz persönlichen wunden Punkte herausfinden. Ihr Gegenüber weiß meist nicht, dass er sie mit seiner Aussage oder seinem Verhalten gerade verletzt. Oft wissen wir selbst nicht, was mit uns geschieht, und wundern uns, dass wir so ungehalten reagieren.

ÜBUNG

DARÜBER ÄRGERE ICH MICH!

Über welche Themen, Situationen oder Personen ärgere ich mich häufig? Wie stark ist der Ärger?

Thema:

0 5 10

Thema:

0 5 10

Thema:

0 5 10

Thema:

0 5 10

Beschäftigen Sie sich nun mit den Themen, die eine hohe Punktzahl haben. Warum ärgert mich dies so? Was macht es mit mir?

ATMEN SIE DIE WUT EINFACH WEG!

Wenn Sie Ihre wunden Punkte identifiziert haben, können Sie besser auf diese reagieren. Sie werden die Verletzung weiterhin wahrnehmen, doch Sie wissen jetzt, warum Sie sich ärgern, und können im ersten Schritt ganz bewusst mit Atemtechniken und kleinen Übungen darauf reagieren. Diese wirken wie Notfallhelfer und sollen sofort angewandt werden. Wenn Sie also spüren, dass ein wunder Punkt bei Ihnen gereizt wurde, machen Sie direkt eine dieser Übungen. Im Laufe der Zeit funktionieren die Übungen immer besser und Sie werden bald Ihre Lieblingsübungen haben.

Übung:

Loslassen

Atmen Sie tief durch die Nase ein und durch den Mund aus. Beim Einatmen denken Sie das Wort „lass", beim Ausatmen denken Sie „los". Nach zehn tiefen Atemzügen werden Sie ruhiger.

Übung:

Wut wegatmen

Atmen Sie dreimal tief durch die Nase ein und aus. Dann atmen Sie eine Sekunde ein und sieben Sekunden aus. Beim Ausatmen lassen Sie Ihre negativen Emotionen los.

Übung:

Luft anhalten

Atmen Sie ganz langsam ein. Ein Atemzug sollte zehn Sekunden lang sein. Halten Sie dann 15 Sekunden lang die Luft an und atmen Sie wieder zehn Sekunden aus. Wiederholen Sie die Übung viermal.

Übung:

Entspannungspunkt

An dem Punkt Ihrer Hand, an dem sich der Knochen des Zeigfingers und des Daumens treffen, liegt ein Akkupressurpunkt. Dieser wirkt beruhigend. Suchen Sie zuerst die Stelle, an der sich die Knochen der beiden Finger treffen und drücken Sie dann ca. einen Zentimeter tiefer fest zu. Sie müssten sofort den Schmerz spüren. Je nach Handmuskulatur ist der Punkt auf einer Seite einfacher zu finden als auf der anderen. Drücken Sie diesen Punkt zehn Sekunden, lassen Sie dann fünf Sekunden los und drücken Sie ihn wieder. Wiederholen Sie dies mindestens zehnmal.

WIE REAGIEREN MENSCHEN AUF KONFLIKTE?

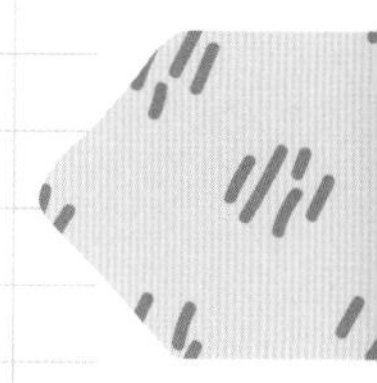

Wir reagieren sehr unterschiedlich auf Konflikte. Manche Menschen sind streitbar. Sie stört es nicht, Konflikte auszutragen. Im Gegenteil: Sie sehen den Konflikt als eine Art Sport oder gar Herausforderung. Andere Menschen möchten am liebsten in ständiger Harmonie leben und keine Konflikte haben. Wieder andere laufen vor jedem Konflikt davon und stellen sich diesem nicht.

MENSCHEN STREITEN VON KLEIN AUF

Wir lernen in frühester Kindheit den Umgang mit Konflikten. Spätestens im Kleinkindalter wird um die Schaufel im Sandkasten oder die leckere Schokolade gestritten. Unser Umfeld lebt uns unterschiedliche Reaktionen auf Konflikte vor. Vielleicht kommen Sie aus einem Elternhaus, in dem ausgiebig diskutiert oder lautstark gestritten wird. Manche sind danach tagelang beleidigt, andere vergessen Konflikte schnell, und sobald sie ausgesprochen sind, ist niemand mehr nachtragend. Andere wiederum streiten nie, Unstimmigkeiten gibt es nicht, man möchte in Frieden und Harmonie leben, unschöne Situationen werden unter den Teppich gekehrt. Man äußert seinen Unmut niemals offen, schweigt lieber und macht die Sache mit sich aus.

Eltern, Erzieher:innen, Lehrer:innen, Nachbar:innen oder Freund:innen sind unsere Streitvorbilder. Die Botschaften, die sie uns senden, prägen unsere persönliche Streitkultur:

- Sei offen und sag, was du denkst.
- Nimm dich zurück, du bist nicht so wichtig.
- Steh für dich gerade.
- Äußere deine Wünsche.
- Schau, dass es den anderen gut geht.
- Du erreicht eh nichts damit, sei lieber still.
- Es lohnt sich nicht, dafür zu kämpfen.
- Bei uns soll es harmonisch sein, wir wollen keinen Streit.

Außerdem machen wir Erfahrungen und lernen, dass wir mit bestimmten Verhaltensweisen gut ankommen, geliebt werden, unsere Bedürfnisse befriedigen oder unseren Willen durchsetzen. Auch unsere Persönlichkeit spielt eine entscheidende Rolle, wenn es ans Streiten geht: Manche sind extrovertiert und sprechen alles aus, was ihnen in den Sinn kommt, sie gehen offensiv auf andere zu und lassen sich nicht so leicht aus dem Konzept bringen. Andere wiederum tun sich schwer, Dinge anzusprechen, sind introvertiert und wollen am liebsten ihre Ruhe haben. Daraus entwickelt jeder Mensch seine eigene Haltung, wie er mit Konflikten umgeht.

ÜBUNG

MEINE EINSTELLUNG ZU KONFLIKTEN

- **Schreiben Sie fünf Minuten lang alles auf, was Ihnen zum Thema Konflikte in den Sinn kommt. Überlegen Sie nicht lange, und notieren Sie alles, was Ihnen einfällt. Markieren Sie mit einem grünen Stift anschließend alle Begriffe, die Sie als positiv empfinden. Neutrale Begriffe markieren Sie gelb, negative rot. Dies zeigt auf einen Blick, wie Sie Konflikten gegenüberstehen.**

REAKTIONEN AUS DER STEINZEIT

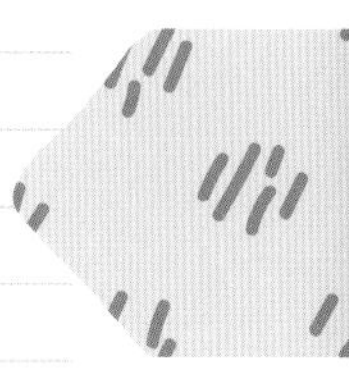

Weil jeder Mensch anders geprägt ist, gibt es auch ganz unterschiedliche Reaktionen auf Konfliktsituationen. Sie stammen aus der Steinzeit: Unsere Vorfahren, die Steinzeitmenschen, lebten noch in Höhlen und jagten ihr Essen oder sammelten es. Wenn sie nun von einem Säbelzahntiger angegriffen wurden, hatten sie nur wenige Möglichkeiten. Sie konnten gegen den Tiger mit ihrem Speer kämpfen und versuchen, ihn zu erlegen. Sie konnten auch schnell wegrennen, um vor dem Tiger zu flüchten. Oder sie stellten sich tot und hofften, dass der Tiger seines Weges ging. Auch heute, viele tausend Jahre später, reagieren wir im Konflikt noch sehr ähnlich.

Kampf

Ich stelle mich gegen den anderen. Ich scheue mich nicht vor dem Konflikt, sondern gehe ihn aktiv an und versuche, mein Gegenüber in die Ecke zu drängen. Dies kann ich mit Worten oder Taten tun. Mein Ziel ist, dass ich gewinne und mein Gegenüber verliert. Es wird mit allen zu Verfügung stehenden Mitteln gekämpft. Diese sind nicht immer fair. Personen werden angeschrien, schlecht gemacht, ihre Autorität wird untergraben und im schlimmsten Fall werden sie sogar gemobbt.

Flucht

Ich will den Konflikt vermeiden und verlasse freiwillig das Feld. Sobald ein Streit auftreten könnte, gebe ich nach und akzeptiere die Meinung des anderen. Ich stelle meine Wünsche und Bedürfnisse zugunsten anderer zurück. Mein Gegenüber gewinnt, ich verliere. Am liebsten würde ich wirklich weglaufen und tue dies auch, indem ich den Raum verlasse, wenn es schwierig wird. Oder ich versuche, die Situation durch einen Scherz zu entschärfen.

Erstarrung

Ich zeige mich möglichst wenig. Gerate ich in einen Konflikt, reagiere ich überhaupt nicht und hoffe, dass sich das Problem von selbst löst. Ich gebe wenig von mir preis und biete somit auch keine Angriffsfläche. Ich hoffe, dass die anderen mich nicht wahrnehmen und in Frieden lassen. Wenn zwei streiten, halte ich mich raus und ergreife keine Partei.

Kooperation

Ich gehe auf den anderen zu. Wir sprechen miteinander, jeder äußert seine Wünsche und Bedürfnisse und wir suchen gemeinsam eine Lösung. Mein Ziel ist nicht, dass einer gewinnt oder verliert, sondern, dass beide gut mit der Lösung leben können.

PASSEN SIE IHRE REAKTION AN

Die letzte Möglichkeit fehlte unseren Vorfahren bei dem Konflikt mit dem Säbelzahntiger. Kooperation ist kein Urinstinkt sondern eine bewusste Entscheidung. Keine der vier Verhaltensweisen ist nur gut oder nur schlecht. Manchmal ist es wichtig zu kämpfen und für seine Bedürfnisse einzustehen. Doch auch Flucht oder Erstarrung sind, je nach Situation, eine geeignete Möglichkeit. Wenn Sie wissen, dass Sie bei einem Thema den Kürzeren ziehen werden oder Ihr Gegenüber mehr Macht hat, entscheiden Sie sich bewusst für Flucht oder Erstarrung.

Beispiel: Das geht nicht

Judith und Ayla arbeiten schon seit 10 Jahren zusammen in der gleichen Kita. Sie verstehen sich auch privat sehr gut, obwohl Judith 12 Jahre älter als Ayla ist. Beide sind harmoniebedürftig und rücksichtsvoll. Sie sind gut ins Team integriert und es gibt nie Konflikte. Seit 3 Monaten gibt es eine neue Leitung. Diese spricht in einer Teambesprechung das Arbeitstempo und die Einstellung zur Arbeit an und greift damit Judith an, die aufgrund ihres Alters nicht mehr die Schnellste ist und Veränderungen nicht gerne mag. Ayla ärgert sich darüber so sehr, dass sie sofort mit Kampf reagiert. Sie wirft der Leitung vor, ältere Arbeitnehmer:innen nicht wertzuschätzen, wird ungehalten und laut. Das Team ist verwundert über Aylas Reaktion, doch bei Ayla wurde ein Triggerpunkt getroffen und sie stellt sich schützend vor Judith.

Normalerweise erfolgt unsere Reaktion aus dem Unterbewusstsein. Wir reagieren im ersten Moment, ohne darüber nachzudenken. Wir haben alle unsere Lieblingsreaktion, die auch als Erstes zu Tage tritt. Insbesondere dann, wenn unsere Triggerpunkte stimuliert werden. Deshalb ist es wichtig, dass Sie Ihre Lieblingsreaktion kennen und in manchen Konfliktsituationen bewusst gegensteuern. Hinterfragen Sie sich kurz:

- Wie wichtig ist mir das Thema?
- Lohnt es sich zu kämpfen?
- Wie sind meine Aussichten auf Erfolg?
- Welche Ressourcen habe ich?
- Wie stark ist mein Gegenüber?
- Was bin ich bereit zu geben?
- Was passiert, wenn ich nichts tue?
- Was kann ich loslassen?

WIR SIND ALLE INDIVIDUELL

Je nachdem wie Ihre Antworten auf diese Fragen ausfallen, entscheiden Sie, was Sie tun und wie Sie reagieren. Dies wird je nach Situation und Person unterschiedlich ausfallen. Zwingen Sie sich bitte zu nichts. Reagieren Sie so, wie Sie es möchten, und nicht, wie es von Ihnen erwartet wird. Jede Reaktion, die nicht zu Ihnen passt, fordert ihren Tribut.

Denken Sie auch daran, dass in Ihrem Umfeld Menschen mit unterschiedlichen Charakteren, Werten und Einstellungen zusammenarbeiten oder -leben. Daher fallen auch deren Reaktion unterschiedlich aus. Was Ihnen gut tut, stresst andere Menschen vielleicht. Hier gibt es kein Richtig oder Falsch, die Reaktionen auf Konflikte sind so unterschiedlich wie die Menschen selbst.

ÜBUNG

MEINE LIEBLINGSREAKTION

Wie häufig reagieren Sie mit Kampf, Flucht, Erstarrung oder Kooperation? Markieren Sie dies farblich in der jeweiligen Säule.

Kampf	
Flucht	
Erstarrung	
Kooperation	

In welchen Situationen reagiere ich mit:

Kampf:

Flucht:

Erstarrung:

Kooperation:

Welche Reaktion will ich künftig ausbauen?

KRITIK ÄUßERN FÄLLT SCHWER

Es ist bestimmt nicht leicht, Kritik zu äußern. Zum einen befürchten wir, den anderen zu verletzen, wenn wir nicht richtig oder wertschätzend genug kritisieren. Zum anderen haben wir aber auch Angst vor der Reaktion des Gegenübers.

Es gibt viele Gründe, warum wir uns scheuen, Kritik zu äußern, obwohl wir grundsätzlich wissen, wie es geht und was wir tun sollten. Trotz allem blockiert uns etwas und hält uns zurück. In meinen Seminaren frage ich die Teilnehmenden immer, was sie beim Äußern von Kritik hindert. Dann erhalte ich folgende Antworten:

- Ich habe Angst, den anderen zu verletzen.
- Ich befürchte, dass mein Gegenüber dann nicht mehr mit mir redet.
- Ich glaube, dass die Zusammenarbeit darunter leidet.
- Ich weiß nicht genau, was ich sagen soll.
- Ich finde nie den richtigen Zeitpunkt.
- Ich befürchte, dass die andere dann morgen krank ist.
- Ich glaube, dass sich dann das Team gegen mich wendet.
- Ich fürchte mich vor der Reaktion des anderen (Tränen, Geschrei).
- Ich denke, dass mein Gegenüber mich nicht versteht.

Wir haben es alle schon einmal erlebt, dass unser Gegenüber laut wird, weint, sich zurückzieht, kein Verständnis hat. Und natürlich fällt es uns dann schwer, Kritik zu äußern – doch führt daran manchmal kein Weg vorbei.

Es entstehen sonst Blockaden im Miteinander und wir kommen in schwierigen Situationen kein Stück weiter. Ein wertschätzender, offener Dialog ist so nicht möglich.

Beispiel:
Ich kann das nicht machen

Iri arbeitet seit 6 Monaten mit der neuen Kollegin Hanne zusammen. Sie verstehen sich gut, sind aber sehr unterschiedlich. Iri ist schon lange in der selben Einrichtung, hat feste Strukturen in ihrer Gruppe, alles hat seinen Platz und die Kinder kennen die Regeln. Hanne kommt frisch von der Ausbildung und möchte ein paar Neuerungen einführen. Sie möchte kreativer und offener mit den Kindern arbeiten. Sie traut sich aber nicht, mit Iri darüber zu sprechen. Sie hat die Befürchtung, dass Iri die Kritik missverstehen könnte, und befürchtet, dass sie dann nicht mehr gut zusammenarbeiten können. Deshalb lässt sie alles, wie es ist. Die Arbeit macht ihr aber von Tag zu Tag weniger Spaß und sie fühlt sich eingeengt.

BLOCKIERTES MITEINANDER

Wenn wir Kritik nicht aussprechen wollen, reden wir zwar mit dem Gegenüber, formulieren aber nicht klar. Wir lassen Teile weg, weichen Sachverhalte auf – in der Hoffnung, das Gegenüber nicht zu verletzen und die Kritikpunkte sanft anbringen zu können. Trotz aller Unklarheiten erwarten wir, dass die andere Konfliktpartei uns versteht und etwas verändert. Keine Kritik zu üben, kann viele Gesichter haben:

Passivität

Ich tue nichts, um das Problem zu lösen. Ich bin zwar unzufrieden, traue mich aber nicht, Kritik zu äußern, und harre lieber aus.

Abwertung

Um keine Kritik äußern zu müssen, werte ich mein Gegenüber oder die Situation ab. „Das hat keinen Sinn, es kommt ja eh nicht an. Sie wird das nicht verstehen. Da wird sich sowieso nichts ändern."

Übermäßige Emotionalität

Statt Kritik sachlich zu äußern, werde ich übermäßig emotional, rege mich vielleicht sogar künstlich auf oder versuche, Mitleid zu erwirken. „Es tut mir so leid. Leider muss ich dies tun. Ich komme mir schlecht damit vor und hoffe, du verzeihst mir."

Übermäßiges Detaillieren

Ich benenne den eigentlichen Sachverhalt nicht, sondern verliere mich in kleinen Details. Statt kurz, klar und verständlich zu kommunizieren, beschreibe ich jedes noch so kleine Detail, um die eigentliche Kritik zu kaschieren.

Übermäßiges Rationalisieren

Ähnlich wie beim übermäßigen Emotionalisieren bleibe ich hier nur auf der Sachebene und lasse keine Emotionen zu. Im Gespräch wird die Beziehungsebene bewusst klein gehalten. „Ihre Gefühle interessieren mich nicht. Hier geht es um … Damit müssen Sie klarkommen."

Mangel an Direktheit

Ich rede um den heißen Brei herum und benenne meine Kritik nicht. Ich umschreibe sie und hoffe, dass mein Gegenüber mich versteht. Meist wird so unkonkret formuliert, dass der andere nicht einmal ahnt, dass Kritik angebracht wurde.

Mangel an Aufrichtigkeit

Ich traue mich nicht, die wahre Kritik zu äußern, und verschleiere sie. Ich führe andere ins Feld und bin nicht ehrlich. „Herrn M. stört das auch. Ein wenig leiser wäre gut. Ich finde es ja nicht so schlimm, aber …"

ÜBUNG

WAS FÄLLT MIR SCHWER?

Denken Sie an ärgerliche Situationen oder Konflikte, die Sie selbst schon einmal erlebt haben, und überlegen Sie: Was hindert mich am Äußern von Kritik? Jeder Mensch hat seine „Lieblingsblockaden". Welche Blockaden treten bei Ihnen auf?

Ziel ist es, Ihre Blockaden abzulegen und Kritik künftig offen und wertschätzend zu äußern. Wie könnten Sie Ihre Blockaden aus dem Weg räumen?

REFLEXION

WIE REAGIERE ICH AUF KRITIK?

Kritisieren fällt oft nicht leicht, und es ist auch nicht angenehm, selbst kritisiert zu werden. Natürlich versuchen wir dann alle, professionell zu reagieren. Dies gelingt uns nicht immer. Manchmal wirken wir äußerlich souverän, doch die Kritik trifft uns innerlich hart, und wir denken noch Tage darüber nach. Denken Sie doch einmal über folgende Fragen nach:

Wie reagiere ich, wenn ich kritisiert werde?

Wie gehe ich im Nachgang mit der Kritik um?

VOM STREIT ZUM HANDFESTEN KONFLIKT

Konflikte lösen sich in den seltensten Fällen von selbst. Wir hoffen zwar, dass unser Gegenüber von alleine etwas bemerkt und die Situation sich verändert. Doch dies tritt meist nicht ein. In der Folge können sich einfache Meinungsverschiedenheiten zu heftigen Konflikten entwickeln, die richtig eskalieren können.

Man spricht hier von einer Konfliktspirale. Diese dreht sich immer schneller, wird von allen Seiten befeuert, wird größer und mächtiger und kann ab einem gewissen Punkt nur noch schwer unterbrochen werden. Friedrich Glasl hat dies in seinem Modell der Eskalationsstufen sehr anschaulich dargestellt. Man geht die Treppe immer eine Stufe weiter runter, bis man gemeinsam im Abgrund landet. Und das möchte niemand.

ESKALATIONSSTUFEN

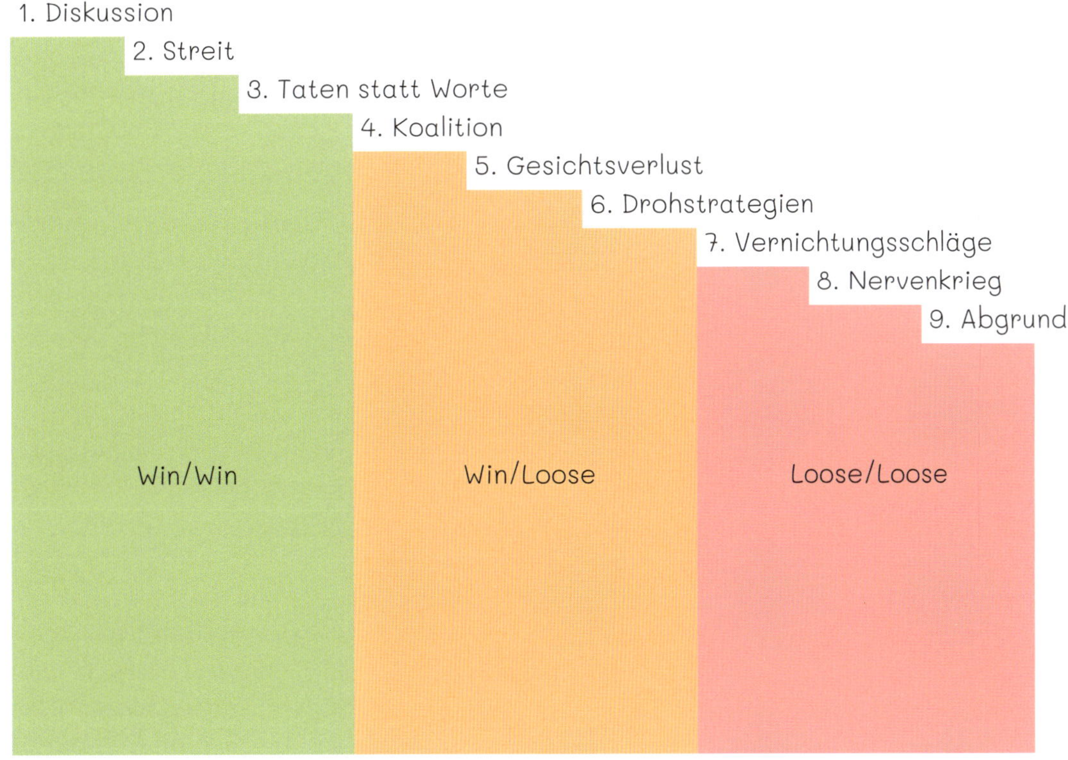

(Abb. in Anlehnung an Friedrich Glasl: Konfliktmanagement. Diagnose und Behandlung von Konflikte Organisationen. Haupt, Bern/Stuttgart 1980)

DIE ESKALATIONSSTUFEN

1. Diskussion

Es treten Unstimmigkeiten und Spannungen zwischen zwei Personen oder dem Team auf. Diskutiert werden unterschiedliche Meinungen und verschiedene Herangehensweisen. Das ist alltäglich und wird noch nicht als Konflikt wahrgenommen.

2. Streit

Wenn Menschen streiten, versuchen die Beteiligten, den anderen von ihrer Meinung mit Argumenten zu überzeugen. Es wird viel geredet, und jeder überlegt sich Strategien, wie er den anderen umstimmen kann. Beim Austragen der Meinungsverschiedenheiten kann es auch einmal heftiger und lauter werden.

3. Taten statt Worte

Es findet keine verbale Kommunikation mehr statt, da man den Eindruck hat, dass das Gegenüber einen nicht versteht. Jetzt wird etwas getan oder unterlassen, um dem anderen zu zeigen, dass man mit der Situation nicht einverstanden ist. Die Gegenseite wird ignoriert oder man unterstützt sich nicht mehr.

4. Koalitionen bilden

Ab diesem Zeitpunkt versuchen die Beteiligen, Außenstehende für sich zu gewinnen. Sie suchen sich Verbündete und überzeugen diese, wie schlecht, faul oder ungerecht die Gegenseite ist. Dabei ist ihre Wahrnehmung sehr einseitig. Es geht darum, dass Dritte ihre Sichtweise bestätigen und sie sich dadurch besser und stärker fühlen.

5. Gesichtsverlust

Die Beteiligten wollen einander bewusst schaden. Sie wollen das Gegenüber bloßstellen und auflaufen lassen. Sie wollen, dass es sich blamiert und es offensichtlich wird, dass es etwas falsch macht. Gerade bei Teammeetings oder Besprechungen wird dies häufig praktiziert. Wichtig ist dabei immer, dass Außenstehende den Gesichtsverlust mitbekommen.

6. Drohstrategien

Jetzt wird es richtig unschön, denn hierbei geht es um die Demonstration von Macht. Dem Gegenüber wird gedroht. Zuerst zurückhaltend und subtil. Doch wenn dies keine Wirkung zeigt, auch offen. „Wenn du dich nicht veränderst, wirst du schon sehen, was du davon hast." Der anderen Seite wird ganz bewusst Angst eingejagt, um das eigene Ziel zu erreichen.

7. Vernichtungsschläge

Ab diesem Zeitpunkt wird das Gegenüber nicht mehr als Mensch mit Gefühlen wahrgenommen. Es wird mit unzulässigen Mitteln gekämpft mit dem Ziel, den andern aus seinem Umfeld zu vertreiben. Selbst ein begrenzter, eigener Schaden wird schon als Gewinn wahrgenommen. „Ich musste zwar die Gruppe wechseln, sie aber die Einrichtung verlassen."

8. Nervenkrieg

Es geht nur noch darum, den anderen zu vernichten. Den Beteiligten ist es völlig egal, ob sie sich selbst damit schaden können. Beim Nervenkrieg leiden alle Beteiligten. Man hat nachts Kopfkino, kann nicht mehr schlafen, ist gestresst, angespannt, und es treten weitere körperliche Symptome auf.

9. Gemeinsam in den Abgrund

Die Beteiligen sind so verbissen und getrieben vor Wut, dass sie sogar einkalkulieren, sich selbst zu schaden, nur um den Gegner zu besiegen. Hier herrscht der blanke Hass auf das Gegenüber, und es gelingt keinem Beteiligen mehr, einen positiven oder neutralen Blickwinkel einzunehmen.

WIE EIN STREIT (DE-)ESKALIEREN KANN

Diese Eskalationsstufen können wir bei allen Konflikten durchlaufen. Manchmal bleibt es bei einem Streit, und ein anderes Mal überspringen wir ein paar Stufen und springen direkt von der Diskussion zu den Drohstrategien. Das passiert auch bei vermeintlich irrelevanten kleinen Streitigkeiten im Alltag: Wenn der Satz fällt: „Wenn du nicht sofort deine Hausaufgaben machst, darfst du nachher kein Fernsehen schauen", ist kein Elternteil stolz – und doch ist es menschlich.

Die gute Nachricht ist: So schnell wir die Eskalationsstufen absteigen können, so schnell können wir auch wieder aufsteigen, wenn wir merken, dass wir überreagieren. Mit den richtigen Strategien verhindern wir, dass wir die Treppe in Richtung Abgrund gehen.

Es gibt auch Situationen, da durchlaufen wir die gesamte Treppe bis Stufe 9. Wer schon einmal eine unschöne Trennung, Scheidung oder Kündigung erlebt hat, weiß das.

REFLEXION

WO STEHE ICH?

Kreuzen Sie bitte an, welche Stufen Sie bisher schon erlebt haben.

1. Diskussion
2. Streit
3. Taten statt Worte
4. Koalition
5. Gesichtsverlust
6. Drohstrategien
7. Vernichtungsschläge
8. Nervenkrieg
9. Abgrund

Win/Win

Win/Loose

Loose/Loose

Woran mache ich dies fest?

Wie geht es mir dabei?

RAUS AUS DER KONFLIKTSPIRALE

Niemand möchte in den Sog der Konfliktspirale geraten und im Nervenkrieg enden. Deshalb ist es hilfreich zu wissen, wo Sie stehen und was Sie an welcher Stelle tun können. Es ist auch nicht immer eine Handlung erforderlich. Manchmal braucht es einfach Geduld und Akzeptanz.

In diesem Beispiel sind die Fronten direkt verhärtet, es werden sogar die Anwälte eingeschaltet. Doch wie hätte man das verhindern können? Für die unterschiedlichen Eskalationsstufen gibt es verschiedene Deeskalationsmaßnahmen.

Beispiel: Wer ist besser?

Die Kita Sandkasten und die Kita Kinderglück sind in der gleichen Stadt angesiedelt, sie gehören jedoch zu unterschiedlichen Trägern. Da es immer schwieriger wird, Personal zu finden, buhlen die beiden Träger um geeignete pädagogische Fachkräfte. Jede Kita stellt sich im besten Licht dar und versucht, die Bewerber von sich zu überzeugen. Plötzlich hört Mette, die Leiterin der Kita Sandkasten, dass Jens, der Leiter der Kita Kinderglück, ihre Einrichtung im Vorstellungsgespräch schlecht macht. Daraufhin ruft Mette Jens an und sagt zu ihm: „Wenn du damit nicht aufhörst, kannst du etwas erleben." Darüber ärgert sich Jens, lädt Mette nicht mehr zum informellen Austausch der Leitungen ein und beschwert sich bei den Kolleg:innen über die unprofessionelle Art von Mette. Das Ganze endet mit einer Unterlassungsklage der Anwältin der Kita Sandkasten.

Stufen 1–3: Win-win-Situationen

Die Stufen eins bis drei sind harmlos. Solche Situationen erleben wir im Alltag häufig, und sie schaden keinem der Beteiligten. Beide können als Gewinner aus dieser Situation herausgehen. Manchmal wird aus einer Diskussion ein Streit, und es folgen auch einmal Taten statt Worte. Der Ärger und die Missverständnisse können aber aus dem Weg geräumt werden, wenn wir mit der richtigen Einstellung an die Sache herangehen. Man muss bereit sein, das Gegenüber zu verstehen, die Perspektive zu wechseln, andere Meinungen zuzulassen und an Lösungen interessiert sein. Es wird darüber gesprochen, sich entschuldigt, und schon ist die Sache aus dem Weg geräumt.

Was kann ich konkret tun?

- Abwarten und beobachten.
- Mein eigenes Verhalten reflektieren.
- Verständnis aufbringen.
- Meinen Blickwinkel ändern.
- Offen und wertschätzend kommunizieren.

Stufen 4—6: Win-loose-Situationen

In den Stufen vier bis sechs geht es darum, dass einer gewinnt und der andere verliert. Natürlich möchte jede Partei gewinnen und fühlt sich im Recht. Deshalb gehen wir nicht auf die Gegenseite zu, das könnte ja als Schwäche ausgelegt werden. Wir möchten nicht mehr reden, sehen oft keinen Sinn darin. Für einen Perspektivwechsel sind wir nicht mehr bereit. Ab Stufe fünf spricht man von Mobbing.

Was kann ich konkret tun?

- Die Perspektive wechseln und andere Argumente zulassen.
- Mich nicht über andere stellen.
- Versuchen, neutral zu sein.
- Die Gegenseite ganz offiziell um ein Gespräch bitten.
- Die Führungskraft informieren und um Hilfe bitten.
- Konfliktlösegespräche führen.
- Ggf. externe Hilfe (Mediation) anfordern.

Stufen 7—9: Loose-loose-Situationen

In den Stufen sieben bis neun gibt es nur noch Verlierer. Die Situation ist so verhärtet, dass sie allen Beteiligten schadet. Oft zerbrechen sie an unerbittlichen, aussichtslosen Kämpfen und werden vielleicht sogar psychisch krank. Hier ist ein Perspektivenwechsel unmöglich, die Gegenseite wird als Gegner oder Feind wahrgenommen. Die Betroffenen merken auch nicht, dass sie sich mit ihren Handlungen selbst schaden oder ignorieren es bewusst. Hier hilft es nur noch, die Beteiligten zu trennen, eine Lösungsfindung ist nicht mehr zielführend, da zu viel Porzellan zerschlagen wurde.

Was kann ich konkret tun?

- Mich mental stärken.
- Mir professionelle Unterstützung suchen (Coach, Berater, Anwalt, Therapeut).
- Abstand zu dem Gegenüber halten.
- Gespräche nur noch im Beisein Dritter führen.
- Ggf. arbeitsrechtliche oder privatrechtliche Konsequenzen aufzeigen.

REFLEXION

WO WILL ICH HIN?

- **In der Übung „Wo stehe ich?“ auf Seite 38 haben Sie Ihren Standpunkt im Konflikt festgelegt. Schauen Sie sich dies bitte noch einmal an und fragen Sie sich:**

- **Welche Stufe ist für mich in diesem Konflikt erstrebenswert?**

- **Wie gelingt es mir, erst einmal eine Stufe höher zu kommen?**

- **Was müsste sich dafür verändern?**

- **Was bin ich bereit zu tun oder zu lassen?**

- **Was sind meine ersten Schritte?**

TOOLS ZUR KONFLIKTLÖSUNG

„*Groll mit uns herumzutragen ist wie das Greifen nach einem glühenden Stück Kohle in der Absicht, es nach jemandem zu werfen. Man verbrennt sich nur selbst dabei.*

(Buddhistische Weisheit)"

Wenn Sie sich das nächste Mal so richtig ärgern, fragen Sie sich Folgendes: „Will ich dieser Situation oder der Person die Macht geben, dass ich unzufrieden oder unglücklich bin?" Natürlich möchte das niemand, und doch können wir manche Konflikte nicht loslassen. Wir hadern dann mit dem, was uns gerade passiert, hinterfragen uns und unser Verhalten, sind gelähmt vor Wut, können schlecht schlafen oder entwickeln Ängste. Auch körperliche Symptome wie Verspannungen, Kopfschmerzen, Herzrasen oder Magenbeschwerden können auftreten – der Streit liegt Ihnen, im wahrsten Sinne des Wortes, schwer im Magen. Konflikte blockieren uns häufig und verhindern ein sorgenfreies Leben und ein konstruktives Miteinander.

WIE KOMME ICH DA WIEDER RAUS?

Um die Konfliktspirale zu verlassen, können Sie vielfältig agieren. Es gibt nicht den einen, richtigen Königsweg. Was Sie tun, muss zu Ihnen und Ihrer Persönlichkeit passen. Es gibt jedoch bestimmte Basics, die Sie auf dem Weg zu mehr Harmonie im Zusammenleben unterstützen können.

Das ist zu einem eine wertschätzende Haltung: dem Gegenüber auf Augenhöhe zu begegnen, sich nicht zu überhöhen oder klein zu machen. Dann ist es wichtig, zuzuhören und sich in die andere Seite hineinzuversetzen. Versuchen Sie, empathisch die Beweggründe des anderen nachzuvollziehen. Und zu guter Letzt ist eine respektvolle Kommunikation das A und O: Positive Formulierungen, keine Schuldzuweisungen, klare und offene Worte ohne Schachtelsätze und Konjunktive.

WERKZEUGKOFFER FÜR KONFLIKTE

Ein Konflikt setzt immer Emotionen frei, beschäftigt uns und wühlt auf. Damit es Ihnen nicht schlecht geht und Sie im Optimalfall Konflikte vermeiden oder souverän lösen, können Sie mit Tools arbeiten, die wir Ihnen in den folgenden Kapiteln vorstellen. Sie dürfen diese gerne anpassen und so modifizieren, damit Sie sie authentisch nutzen können.

ÜBUNG

WIE WIRKEN SICH KONFLIKTE BEI MIR AUS?

Wir können uns noch so cool nach außen geben, in unserem Inneren herrscht Aufruhr, wenn ein Konflikt im Raum steht. Schauen Sie jetzt einmal nur auf sich. Wie geht es Ihnen im Konfliktfall?

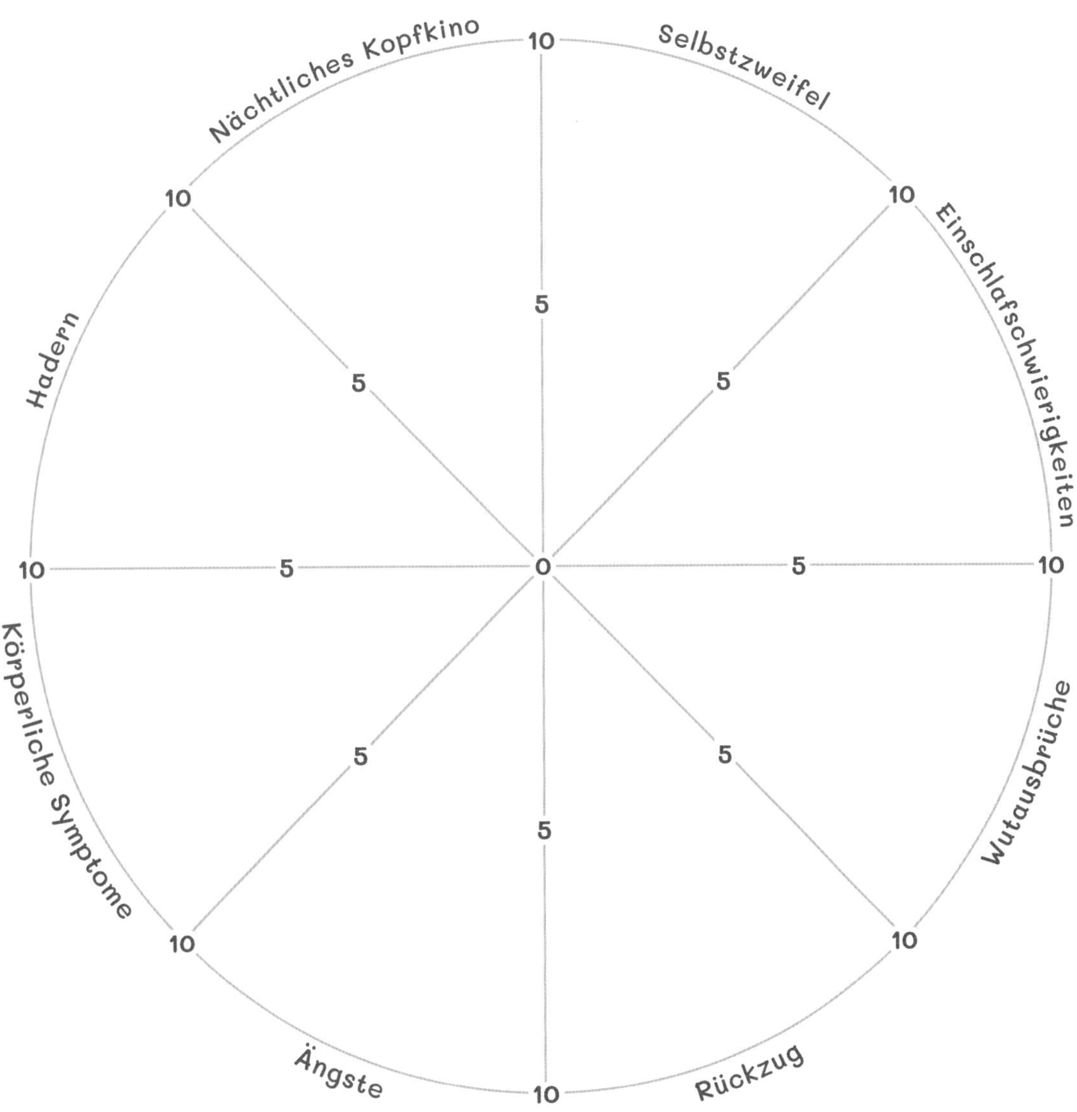

UNSERE INNERE HALTUNG

Bei jedem Streit ist unsere innere Haltung ein guter Indikator für den Ausgang des Konflikts. Wir können beleidigt sein, uns zurückziehen, uns klein und unwichtig fühlen, uns über die andere Partei stellen, auf sie herabschauen, sie kleinreden – oder ihr, trotz der Unstimmigkeiten, wertschätzend auf Augenhöhe begegnen.

Das ist natürlich die Königsdisziplin. Denn wenn wir uns ärgern, wütend sind oder uns abgewertet fühlen, fällt es schwer, dem Gegenüber etwas Positives abzugewinnen. Doch das ist die Grundlage für ein gutes Miteinander und eine gemeinsame Lösungsfindung.

Ob wir jemand auf Augenhöhe begegnen, erkennen wir an unserer Grundeinstellung, die unsere Haltung uns selbst und anderen Menschen gegenüber beschreibt. Der amerikanische Psychiater Dr. Eric Berne entwickelte dazu das Modell der Grundeinstellungen. Anhand dieses Modells können Sie erkennen, wie sie zu sich selbst stehen und was Sie von anderen Menschen halten.

STECKEN SIE SICH NICHT IN SCHUBLADEN

Natürlich ist diese Einstellung nicht in Stein gemeißelt. Es kommt immer auf den Menschen, die Situation und Ihre persönliche Verfassung an. Es ist kein Schubladenmodell und doch haben wir alle eine Grundhaltung, die wir häufig an den Tag legen und in die wir im Krisenmodus schalten.

DIE VIER GRUNDEINSTELLUNGEN

ICH **Mir selbst gegenüber**	**DU** **Anderen Menschen gegenüber**
+	+
+	–
–	+
–	–

1. + + Ich bin in Ordnung und mein Gegenüber ist auch in Ordnung. Ich kenne mich mit all meinen Stärken und Schwächen und weiß, dass ich ein wertvoller Mensch bin. Alle anderen Menschen sind genauso wertvoll und ich respektiere sie mit all ihren Eigenschaften.
   Menschen mit dieser Grundeinstellung wirken ausgeglichen, gelassen, souverän und selbstbewusst.

2. + – Ich bin in Ordnung, aber mein Gegenüber ist nicht in Ordnung. Wie ich bin und lebe, so ist es richtig und gut – daran sollten andere sich ein Beispiel nehmen. Mit den anderen stimmt doch etwas nicht.
   Menschen mit dieser Grundeinstellung wirken überheblich, arrogant, stellen sich über andere und sehen sich selbst als den Nabel der Welt.

3. – + Ich bin nicht in Ordnung, aber mein Gegenüber ist in Ordnung. Mir gelingt einfach nichts, ich fühle mich klein und wertlos. Warum sind alle anderen besser als ich? Sie gehen mit Leichtigkeit durchs Leben, während ich mir gar nichts zutraue.
   Menschen mit dieser Grundeinstellung wirken zurückhaltend, machen sich klein und sind wenig selbstbewusst.

4. – – Ich bin nicht in Ordnung und mein Gegenüber ist auch nicht in Ordnung. Es ist alles zwecklos, die Welt ist schlecht und wir können sie nicht verändern. Was können wir schon bewirken? Wir sind allem ausgeliefert!
   Menschen mit dieser Grundeinstellung wirken niedergeschlagen, pessimistisch und manchmal sogar depressiv.

UNSERE GRUNDEINSTELLUNG

Je nachdem, welche Grundeinstellung Sie an den Tag legen, wirken Sie auch auf andere Menschen – und diese reagieren entsprechend auf Sie. Natürlich streben wir alle nach der Grundeinstellung + +, denn sie macht uns souverän und gelassen. Doch wenn wir ehrlich zu uns selbst sind, gelingt uns dies nicht immer. Geraten wir unter Druck, so sind wir manchmal arrogant und stellen uns über andere. Oder wir machen uns klein, stellen unser Handeln infrage und zweifeln an unseren Fähigkeiten. Ziel sollte immer eine wertschätzende Kommunikation auf Augenhöhe sein – und das kann man üben!

REFLEXION

MEINE HALTUNG IM KONFLIKT

Welche Haltung nehmen Sie ein, wenn Sie unter Druck stehen, sich ärgern oder im Krisenmodus sind? Reflektieren Sie dies mit konkreten Beispielen.

Situation:

Haltung: + +   + −   − +   − −

Wie können Sie Ihre Haltung ändern, um ins + + zu kommen? Dies gelingt Ihnen durch folgende Fragen:

Aus + −
- Was hat das Gegenüber Gutes?
- Welche Stärken hat sie/er?
- In welchen Situationen harmonieren wir?
- Was könnte das Gegenüber über mich denken?
- Welche Fehler habe ich gemacht?

Aus − +
- Welche Stärken habe ich?
- Welche Erfolge konnte ich bisher verzeichnen?
- Wofür schätzt mich mein Umfeld?
- Was gelingt mir gut?
- Wer kann mich unterstützen?

Aus − −
- Was ist grundsätzlich positiv in meinem Leben?
- Womit bin ich zufrieden?
- Was macht mir Freude?
- Auf welche Ressourcen kann ich zurückgreifen?
- Kann ich externe, professionelle Hilfe anfordern?

ÜBUNG

JA, ABER …

Diese Übung hilft Ihnen, die positiven Seiten des Gegenübers zu erkennen. Es geht darum zu analysieren und zu benennen, was Sie stört. Danach suchen Sie nach liebenswerten und guten Seiten. Diese Übung ermöglicht Ihnen ein subjektives Aussöhnen mit den negativen Seiten eines Menschen.

Beispiel:
„Ja, es stört mich, dass meine Kollegin morgens launisch ist und nicht grüßt."

„Aber wenn sie ihren ersten Kaffee getrunken hat, habe ich jede Menge Spaß mit ihr. Und ich kann ihr vertrauen."

Ja, ______________________________

Aber ______________________________

Ja, ______________________________

Aber ______________________________

Ja, ______________________________

Aber ______________________________

EMPATHISCH ZUHÖREN

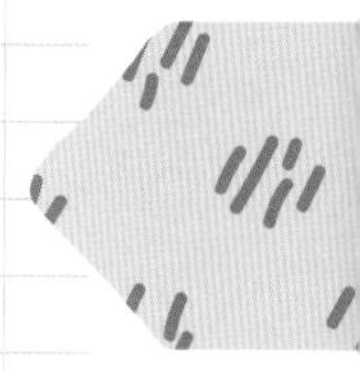

> *Am besten überzeugt man mit den Ohren – indem man anderen zuhört.*
> *(Dean Rusk)*

Wir wissen alle, dass Zuhören sehr wichtig ist, und meinen, dies auch zu tun. Doch machen wir das wirklich? Kommt das Gesagte bei uns an? Verstehen wir unser Gegenüber und können wir seine Beweggründe nachvollziehen?

Zuhören ist nicht ganz so einfach, wie wir glauben: Wir werden ständig abgelenkt, können uns selten auf eine Sache fokussieren, und wenn wir mit jemandem reden, sind wir häufig schon in Gedanken bei einer anderen Sache. Dann hören wir nur noch vordergründig zu, und das merkt unser Gegenüber.

Nur vordergründig zuzuhören, hat sich leider im Zeitalter der Digitalisierung verstärkt. Wir bekommen etwas erzählt, und parallel checken wir noch eine Nachricht oder suchen ein Foto, das wir unbedingt zeigen möchten. Dieses Verhalten stresst und lässt unsere Aufmerksamkeit schwinden.

IM STREITFALL KREISEN WIR UM UNS

Im Konfliktfall ist Zuhören aber enorm wichtig. Denn wenn wir streiten, sind wir sehr auf uns selbst fokussiert. Wir wollen unsere Argumente vorbringen, den anderen überzeugen und den Streit gewinnen. Das lässt uns taub für das Gesagte des anderen werden. Häufig hören wir ein Argument des Gegenübers, konzentrieren uns dann aber darauf, uns Gegenargumente zu überlegen und überhören, was noch gesagt wird. So bleibt die lösungsorientierte Kommunikation auf der Strecke.

Es gibt unterschiedliche Arten des Zuhörens. Je nach Aufnahmefähigkeit und Intensität fällt das Ergebnis aus. Am hilfreichsten ist es natürlich, aktiv und empathisch zuzuhören – oft können oder wollen wir die andere Seite gar nicht verstehen. Wenn alle Konfliktparteien nicht wirklich zugewandt zuhören wollen, ist es kein Wunder, wenn ein Streit eskaliert und keine Lösung gefunden wird.

DIE VIER STUFEN DES ZUHÖRENS

Pseudo-Zuhören

Wir hören nicht wirklich zu, sondern gaukeln dies nur vor. Vielleicht planen wir gedanklich das Abendessen, grübeln über ein neues Projekt nach oder schauen heimlich aufs Smartphone. Wir glauben, dass es unser Gegenüber nicht bemerkt, doch das ist nicht so. Menschen sind in diesem Punkt sehr sensibel und merken schnell, wenn die Aufmerksamkeit an ihnen verloren geht. Kinder erkennen dies besonders schnell.

Zuhören

Wir hören zu und nehmen das Gesagte wahr. Wir halten Blickkontakt, machen Zustimmungsgesten (nicken) oder geben Bestätigungslaute (ja, mhm). Dadurch vermitteln wir, dass wir zuhören.

Aktiv zuhören

Wir verfolgen das Gesagte aufmerksam und verstehen, was gesagt wird. Durch Nachfragen, Zusammenfassen oder Wiederholen des Gesagten zeigen wir echtes Interesse und halten das Gespräch im Fluss. Wir geben unserem Gegenüber Raum und schenken ihm unsere ungeteilte Aufmerksamkeit.

Empathisch zuhören

Wir hören aktiv zu und verstehen die Gefühle des anderen. Wir nehmen wahr, was unser Gegenüber bewegt, erkennen seine Emotionen hinter den Worten und entwickeln im besten Fall Verständnis für unsere Gesprächspartner:in. Dadurch können wir uns in andere hineinversetzen und sind zugänglicher für ihre Argumente.

ÜBUNG

AKTIV SEIN UND EMPATHIE ZEIGEN

- **Denken Sie doch einmal darüber nach, was Sie konkret tun können, um empathisch zuzuhören. Was können Sie sagen oder tun?**

- **Welche Fragen kann ich stellen?**

- **Wie kann ich das Gesagte zusammenfassen?**

- **Wie signalisiere ich, dass ich die Gefühle meines Gegenübers wahrnehme?**

- **Wie kann ich zeigen, dass ich Verständnis habe?**

WERTSCHÄTZENDE KOMMUNIKATION

Mit der Kommunikation ist es manchmal gar nicht so einfach. Es gibt viele Fallen und Fettnäpfchen, in die wir treten können. In Ihrem Alltag als pädagogische Fachkraft wird von Ihnen erwartet, dass Sie klar und wertschätzend zum Beispiel mit den Eltern sprechen, auf Probleme aufmerksam machen und Konflikte thematisieren.

Die Grundlage aller Missverständnisse in der Kommunikation sind Störungen zwischen Sender und Empfänger. In der Regel sendet der Sender eine Nachricht und beim Empfänger kommt diese ganz anders an.

AUF WELCHEM KANAL SENDE ICH?

Wertschätzende Kommunikation ist nur möglich, wenn Sender und Empfänger auf dem gleichen Kanal senden und empfangen. Um Missverständnisse zu vermeiden, können Sender und Empfänger im Vorfeld einiges beachten.

Was kann die Person, die spricht, tun?

- sich klar ausdrücken
- keine Schachtelsätze benutzen
- keine Konjunktive (hätte, sollte, müsste) verwenden
- Weichmacher wie eigentlich, vielleicht, möglicherweise weglassen
- Verstärker wie immer, nie, ständig weglassen
- Einwände vorwegnehmen: „Ich will sie damit nicht verärgern …"
- wenig Fachwörter benutzen
- nachfragen: „Wie kommt das bei Ihnen an?"
- Gefühle ansprechen: „Ich merke, Sie sind traurig."

Was kann die Person, die zuhört, tun?

- ausreden lassen
- aktiv zuhören
- nicht sofort Gegenargumente überlegen
- nachfragen: „Habe ich das richtig verstanden?"
- zusammenfassen: „Bei mir kam das so an …"
- um eine Aus- oder Bedenkzeit bitten

DIE WIRKUNG VON ICH-BOTSCHAFTEN

Eine weitere Möglichkeit, sich klar auszudrücken, die eigenen Erwartungen zu äußern, ohne das Gegenüber zu verletzen, sind Ich-Botschaften. Wir können unschöne Dinge auf unterschiedliche Arten ansprechen. Hierfür ein Beispiel.

Beispiel: Bittere Enttäuschung

Franzi hat ihrer Kollegin Greta ihre privaten Sorgen anvertraut. Einige Tage später merkt sie, dass die Kolleg:innen der Kita darüber Bescheid wissen. Darüber ärgert sie sich sehr und beschließt, Greta anzusprechen. Sie kann dies auf zwei Arten tun.

1. Möglichkeit: „Ich habe gehört, dass du unser privates Gespräch weitergetratscht hast. Das ist so unfair von dir. Dir kann ich nicht vertrauen. Es ist eine Unverschämtheit, dass du so wenig Respekt besitzt, diese intimen Dinge nicht für dich zu behalten. Mit dir möchte ich nichts mehr zu tun haben."

2. Möglichkeit: „Ich habe gehört, dass alle Kolleg:innen wissen, was bei mir zu Hause los ist. Ich habe nur mit dir darüber gesprochen und bin sehr enttäuscht, dass es jetzt jeder weiß. Das verletzt mich, da ich dir immer vertraut habe. Außerdem ist es mir peinlich. Es waren sehr intime Sachen, die keinen etwas angehen. Ich weiß gar nicht, wie ich den Kolleg:innen gegenübertreten soll. Ich erwarte, dass so etwas nie mehr passiert."

Bemerken Sie den Unterschied zwischen beiden Varianten? In Variante eins senden Sie „Du-Botschaften". Diese greifen meine:n Gesprächspartner:in an, weisen Schuld zu und drängen in die Ecke. Wenn Sie so kommunizieren, sind Konflikte vorprogrammiert und die Kommunikation bricht ab. Ihr Gesprächspartner will sich rechtfertigen, schlägt zurück oder greift Sie an.

In der zweiten Variante senden Sie „Ich-Botschaften". Diese drücken Ihre Wahrnehmung aus und beleuchten Ihre Gefühle. Dadurch wird die Beziehungsebene angesprochen, Ihr Gegenüber kann Verständnis entwickeln und über das Verhalten nachdenken, ohne sich direkt angegriffen zu fühlen.

Dies ist eine gute Grundlage, um das Gespräch fortzusetzen und eine tragfähige Lösung zu finden. Wichtig bei den „Ich-Botschaften" ist, dass Sie nur von sich, Ihren Gefühlen und den Auswirkungen des Verhaltens auf Sie sprechen. Am Ende sollten Sie immer formulieren, was Sie von dem Gesprächspartner erwarten oder was Sie sich wünschen.

3 TOOLS FÜR EINE WERTSCHÄTZENDE KOMMUNIKATION

1. DIE RICHTIGEN FRAGEN STELLEN

- *Offene Fragen* beginnen meist mit W (wer, was, wo, wie, weshalb, warum, inwiefern), lassen viel Raum und regen zum Nachdenken an. Benutzen Sie diese Fragen, um mehr über Ihr Gegenüber zu erfahren oder eine Reflexion zu bewirken: „Wie wollen wir weitermachen?"

- *Geschlossene Fragen* können mit ja oder nein beantwortet werden. Durch sie erhalten Sie eine klare Aussage und können damit weiterarbeiten oder das Gespräch frühzeitig beenden: „Kannst du morgen den Küchendienst übernehmen?"

- *Alternativfragen* bieten zwei Alternativen an und lassen ihm eine Wahlmöglichkeit. Nutzen Sie diese, wenn Sie eine Entscheidung herbeiführen wollen: „Willst du heute Pizza oder Salat essen?"

2. PARAPHRASIEREN

Fassen Sie das Gesagte in Ihren Worten zusammen und bringen Sie es auf den Punkt. Bleiben Sie möglichst nah an den Formulierungen des Gegenübers. Durch die Zusammenfassung können Sie abgleichen, ob Sie das Gesagte richtig verstanden haben:

- Ich fasse kurz zusammen …
- Bei mir kam das so an, dass …
- Ich habe herausgehört, dass …
- Die wichtigsten Punkte sind …
- Wollen wir … festhalten?

3. VERBALISIEREN

Wenn Sie empathisch zugehört haben, können Sie die Emotionen hinter den Worten verstehen. Sprechen Sie diese an und nehmen Sie, falls Sie möchten, Stellung dazu. Gehen Sie hier bitte vorsichtig vor, denn dies ist Ihre Wahrnehmung. Formulieren Sie nie absolut und immer als Ich-Botschaft.

- Ich habe den Eindruck …
- Ich glaube, du bist sehr aufgewühlt.
- Ich vermute …
- Ich nehme wahr …
- Ich kann das nachvollziehen …
- Ich habe schon Ähnliches erlebt.

RICHTIG FEEDBACK GEBEN

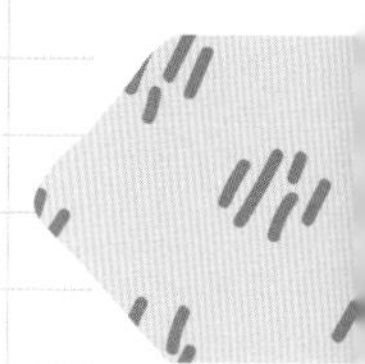

Was ich dir schon immer sagen wollte … So beginnen viele gut gemeinte Feedbackgespräche, und dann enden sie im Streit. Das muss nicht sein, denn Feedback ist ein wirksames Instrument, um Positives wie Negatives konstruktiv zu äußern. Im Alltag gibt es immer wieder Situationen und Dinge, die uns stören, und es ist gut, wenn wir diese an den Auslöser zurückmelden. Nur so können Sie gut zusammenarbeiten oder -leben.

FEEDBACK GEHT AUCH ZWISCHENDURCH …

Es gibt jede Menge Anlässe, um Rückmeldung zu geben. Sie sind nie zu klein oder zu groß. Sobald Ihnen etwas auffällt, was Sie zurückmelden möchten, tun Sie es bitte. Wir alle freuen uns doch, wenn wir etwas Positives über uns hören. Aber es ist auch gut zu wissen, wie andere uns wahrnehmen und was ihnen an uns nicht gefällt. Nur so können wir entscheiden, ob wir damit leben können oder ob wir etwas verändern möchten.

Positives Feedback erhält jeder gerne, doch sobald es um kritische Rückmeldungen geht, werden wir manchmal unprofessionell oder ungehalten. Vergessen Sie bitte nicht, dass jedes Feedback im ersten Moment ein kleiner Angriff auf unser Selbstbewusstsein ist. Wir erhalten einen Einblick auf Verhaltensweisen oder Eigenheiten, und das bringt uns im besten Fall zum Nachdenken.

… ABER NICHT ZU JEDER ZEIT

Gerade deshalb kommt es auf einen passenden Zeitpunkt und die richtige Wortwahl an. Achten Sie immer darauf, dass Sie Ihr Gegenüber fragen, ob es gerade passt, ob es aufnahmefähig ist und ob ein Feedback überhaupt gewünscht ist – sonst wird das Feedback gar nicht angenommen. Als Feedbacknehmer fällt es nicht immer leicht, zuzuhören. Sehr schnell haben wir den Drang, uns zu rechtfertigen oder den anderen anzugreifen. Damit das Feedbackgespräch gut verläuft, können Sie im Vorfeld ein paar Dinge beachten. Sowohl der Feedbackgeber als auch der Feedbacknehmer sollten sich an Regeln halten.

WAS GIBT ES BEIM FEEDBACK ZU BEACHTEN?

ORGANISATORISCHES

- passenden Zeitpunkt wählen
- geeigneten Ort aussuchen
- Störungen vermeiden
- ausreichend Zeit einplanen

INNERE HALTUNG

- Empathie zeigen
- offen und ruhig bleiben
- Stimmung der Beteiligten beachten
- kleine Atemübung oder Meditation vor dem Gespräch

FEEDBACKGEBER

- fragen, ob das Feedback gewünscht ist
- klar und genau formulieren
- beschreibend, nicht bewertend sprechen
- sachlich bleiben, gerade bei Kritik
- Veränderungswunsch äußern

FEEDBACKNEHMER

- zuhören und aufnehmen
- keine Rechtfertigung
- keine Gegenangriffe
- nachfragen ist erlaubt
- sich für das Feedback bedanken

STRUKTUR EINES FEEDBACKGESPRÄCHES

Feedbackgespräche haben immer eine feste Struktur. Diese erleichtert Ihnen die Vorbereitung, vereinfacht das Gespräch und macht die Kommunikation leichter. Sie können sich orientieren, und das gibt Sicherheit.

Gehen Sie in drei Schritten vor, und trennen Sie ganz bewusst zwischen Sach- und Beziehungsebene. Bevor Sie etwas zurückmelden, sollten Sie sich kurz überlegen, wie Sie dies tun und was Sie sagen wollen. Gerade für Anfänger sind diese drei Schritte nicht immer einfach. Mit der Zeit sammelt man Erfahrung, wird routiniert und kann diese Struktur jederzeit abrufen.

WWW-Feedback

Wahrnehmung
Beschreiben Sie Ihrem Gegenüber Ihre Wahrnehmung. Sie bleiben sachlich und benennen nur Zahlen, Daten und Fakten: Mir ist aufgefallen …, Ich habe bemerkt …, Ich habe beobachtet …

Wirkung
Beschreiben Sie nun, welche Wirkung dies auf Sie hat und was es bei Ihnen auslöst. Sie gehen jetzt auf die Gefühlsebene: Das wirkt auf mich …, Ich habe den Eindruck …, Bei mir kommt … an, Ich ärgere mich …, Ich bin enttäuscht …

Wunsch
Formulieren Sie jetzt das gewünschte/erwartete Verhalten, möglichst konkret: Ich wünsche mir …, Ich erwarte …

Beispiel: Immer diese Verspätungen

Frank ärgert sich über seine Kollegin Jasmin, die morgens häufig zu spät kommt. Es kam schon mehrmals vor, dass er im Frühdienst alleine war und sie nach 30 Minuten Verspätung ohne Entschuldigung in die Einrichtung kam. Frank fühlt sich dadurch abgewertet und möchte dies ansprechen.

Wahrnehmung: „Mir fällt auf, dass du am Montag, Donnerstag und Freitag jeweils um 8:30 Uhr zur Arbeit gekommen bist, unser Dienst beginnt um 8:00 Uhr."

Wirkung: „Ich habe den Eindruck, dass du dich auf mich verlässt. Das ärgert mich, da ich immer pünktlich bin und den Dienst für dich übernehme. Ich fühle mich von dir ausgenutzt."

Wunsch: „Ich wünsche mir, dass du künftig um 8:00 Uhr da bist und ich mich auf dich verlassen kann. Wie siehst du das?"

Im oben genannten Beispiel ist Frank nach der Struktur des WWW-Feedbacks vorgegangen. Er hat die Sach- und Beziehungsebene getrennt, in Ich-Botschaften gesprochen und seine Emotionen und Wünsche klar benannt. Dies ist eine sehr gute Grundlage, um wertschätzend zu kommunizieren. Natürlich gibt es keine Garantie, dass das Gespräch erfolgreich verläuft. Es gibt immer mindestens zwei Beteiligte, und die Reaktion des Gegenübers kann man nicht vorhersagen.

VORBEREITUNG EINES FEEDBACKGESPRÄCHS

Sie können sich jedoch gut auf das Feedbackgespräch vorbereiten, indem Sie im Vorfeld überlegen, was Sie zu Wahrnehmung, Wirkung und Wunsche sagen möchten und dies auch schriftlich festhalten. Spontan fällt einem dies oft schwer und man wirkt weniger souverän. Es ist auch hilfreich das Gespräch im Vorfeld zu üben und die Sätze laut auszusprechen. Das gibt Ihnen im eigentlichen Gespräch Sicherheit.

GEHEN SIE ALLES NOCHMAL DURCH

Es ist völlig normal, dass Sie vor dem Feedbackgespräch nervös sind. Dies ist schließlich eine nicht alltägliche Situation und Sie wissen, nicht wie Ihr Gegenüber das Gesagte aufnimmt. Deshalb hilft es Ihnen bestimmt, wenn Sie das Gespräch schon mehrfach im Kopf durchgespielt haben. So bleiben Sie gelassen und können sich voll und ganz auf die Emotionen im Gespräch fokussieren.

Sollten Sie merken, dass Sie Ihr Gegenüber überfordern, lassen Sie ihm bitte etwas Zeit. Sie können das Gespräch auch am nächsten Tag fortführen. Das ist hilfreicher als einen Abschluss erzwingen zu wollen. Das Feedbackgespräch soll eine Verhaltensveränderung bewirken – aber nicht auf Biegen und Brechen und von heute auf morgen.

ÜBUNG

FEEDBACKGESPRÄCHE VORBEREITEN

Wahrnehmung: Was fällt mir auf? Was beobachte ich? Was stört mich?

Wirkung: Wie wirkt dies auf mich? Was löst es bei mir aus? Wie fühle ich mich dabei?

Wunsch: Was wünsche ich mir? Was erwarte ich?

EIN KONFLIKTLÖSEGESPRÄCH MODERIEREN

Manchmal ist ein Konflikt so verfahren, dass die streitenden Parteien auf eine neutrale Person angewiesen sind, die vermittelt. Wenn Sie ein Konfliktlösegespräch moderieren müssen, empfiehlt es sich, einer bestimmten Struktur zu folgen.

Wichtig: Es ist nicht sinnvoll, dass Sie einen Konflikt moderieren, in den Sie selbst involviert sind. Dadurch können Sie nicht neutral sein. Die wichtigsten Bestandteile des Konfliktlösegespräch sind die Neutralität des Moderators und die Bereitschaft aller Beteiligten zur Lösungsfindung.

FÜNF ZENTRALE FRAGEN

Ein Konfliktlösegespräch orientiert sich an fünf zentralen Fragen (Seite 61). Es ist wichtig, diese Fragen nacheinander zu be- und erarbeiten und nicht zu vermischen, um die Sach- und Beziehungsebene zu trennen. Bringt eine Partei ein Problem an, darf die andere nicht direkt mit einer Rechtfertigung reagieren, sonst dreht sich das Gespräch im Kreis.

Ziel eines Konfliktlösegesprächs ist es, Lösungen zu finden, mit denen beide Seiten gut leben können. Dafür muss jeder seinen Standpunkt ein wenig verändern um näher an den anderen zu rücken. Es geht nicht darum wer Recht hat.

Anfänglich werden Sie als Moderator:in bemerken, wie alle Beteiligten ihren Standpunkt vehement vertreten. Im Laufe des Gesprächs gelingt es in den meisten Fällen, dass die Parteien aufeinander zu gehen.

VOR DEM GESPRÄCH

Zur Vorbereitung des Gesprächs sollten die Konfliktparteien die ersten beiden Fragen schon für sich klären und Notizen dazu machen. Aber auch Sie als Moderator:in sollten sich vorbereiten. Am wichtigsten ist, dass Sie die Ruhe bewahren und auf die Einhaltung der Struktur achten. Dies ist keine leichte Aufgabe. In der Regel müssen Sie die Konfliktparteien mehrfach daran erinnern, dass Sie die andere Seite nicht unterbrechen und sich nicht rechtfertigen sollen.

Wenn die Konfliktparteien sehr verstritten sind, lohnt sich der Hinweis auf Gesprächsregeln. Beenden Sie das Gespräch, wenn sich die Beteiligten nicht daran halten:

- Wir behandeln einander respektvoll und wertschätzend
- Wir lassen einander ausreden.
- Wir werden nicht beleidigend.
- Wir respektieren die Meinung des anderen.
- Wir suchen gemeinsam nach Lösungen

So können Sie souverän bleiben und gelassen reagieren. Hierbei gibt es ein paar Dinge zu beachten:

VOR DEM GESPRÄCH

- Verinnerlichen Sie die Struktur des Konfliktlösegespräches.
- Führen Sie im Vorfeld ein Einzelgespräch mit allen Beteiligten.
- Klären Sie ab, ob alle Seiten an einer Lösung interessiert sind.
- Geben Sie die Vorbereitungsbögen zum Konfliktlösegespräch aus.
- Legen Sie den Termin fest und teilen Sie diesen frühzeitig mit.

IM GESPRÄCH

- Legen Sie gemeinsam mit den Beteiligten Regeln fest: ausreden lassen, nicht schreien, nicht abwerten …
- Hängen Sie die Regeln sichtbar im Raum auf, und greifen Sie bei Bedarf darauf zurück.
- Fragen Sie, wer anfangen möchte, losen Sie ggf. aus.
- Achten Sie darauf, dass B zuhört, wenn A redet – und umgekehrt.
- Behalten Sie die Gesprächsstruktur im Auge.
- Stellen Sie eine Frage nach der anderen.
- Bleiben Sie hartnäckig bei der Trennung der Sach- und Beziehungsebene.
- Halten Sie Ergebnisse fest.
- Seien Sie aufmerksam und konzentriert.
- Bleiben Sie neutral, Sie moderieren lediglich und tun Ihre Meinung nicht kund.

NACH DEM GESPRÄCH

- Senden Sie die Vereinbarungen an alle Beteiligten.
- Vereinbaren Sie ggf. nach 4 Wochen einen Folgetermin, um über die letzten Wochen zu sprechen.
- Stehen Sie in dieser Zeit als Ansprechpartner:in zur Verfügung.
- Fragen Sie nach, wie sich die Zusammenarbeit der Beteiligten entwickelt.

DIE STRUKTUR DES KONFLIKTLÖSEGESPRÄCHS

(1) **WAS STÖRT MICH?**
An dieser Stelle geht es nur um die Sachebene – die Spitze des Eisbergs. Hier werden Zahlen, Daten und Fakten benannt.

Beispiel: „Mich stört, dass am letzten Freitag bereits zum dritten Mal die Eingangstür der Einrichtung nach dem Spätdienst nicht abgeschlossen war."

(2) **WAS LÖST DIES BEI MIR AUS?**
Hier geht es um Gefühle und Gedanken – den Teil des Eisbergs unter der Wasseroberfläche. Wichtig ist, dass immer nur eine Person spricht und die andere zuhört. Unterbrechungen und Rechtfertigungen sind nicht zugelassen. Das ist nicht einfach, aber elementar!

Beispiel: „Darüber ärgere ich mich. Bei mir entsteht der Eindruck, dass du dich ganz auf mich verlässt und erwartest, dass ich die Türen kontrolliere."

(3) **WIE WIRKT DAS AUF DICH?**
Jetzt hat das Gegenüber Gelegenheit, auf den Vorwurf zu antworten und die Situation aus der eigenen Perspektive schildern.

Beispiel: „Ich kann nachvollziehen, dass du dich darüber ärgerst." Oder: „Dafür habe ich wenig Verständnis, es ist doch nur dreimal in diesem Jahr passiert."

(4) **WAS WOLLEN WIR BEIDE ODER WAS WOLLEN WIR BEIDE AUF KEINEN FALL?**
Bei dieser Frage suchen Sie nach dem kleinsten gemeinsamen Nenner. Oft ist die Schnittmenge auch sehr groß. Falls den Beteiligten dies an der Stelle schwerfällt, können Sie das Gespräch gerne unterbrechen und am nächsten Tag weiterführen. Dann haben alle Beteiligen Zeit, sich zu überlegen, was ihre Wünsche sind.

Beispiel: „Wir möchten beide nicht abgewertet werden/allein dastehen/die Verantwortung tragen …"

(5) **WELCHE VEREINBARUNGEN TREFFEN WIR FÜR DIE ZUKUNFT?**
Hier halten Sie fest, was Sie beide wollen oder was auf keinen Fall mehr passieren soll und welche Konsequenzen Sie benennen, falls es wieder passiert.

ÜBUNG
KONFLIKTE LÖSEN

Was stört mich?

Was löst das bei mir aus?

Wie wirkt das auf dich?

Was wollen wir beide oder was wollen wir beide auf keinen Fall?

Welche Vereinbarungen treffen wir für die Zukunft?

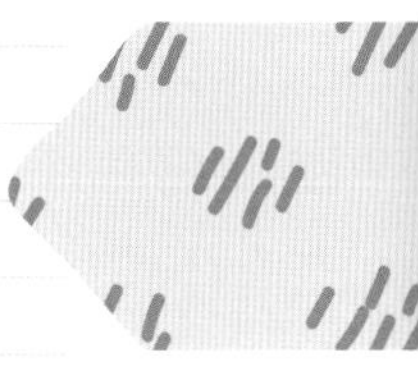

NACHWORT

> *Jenseits von richtig und falsch liegt ein Ort. Dort treffen wir uns.*
> *(Rumi, persischer Mystiker)*

Sie sind mit mir auf eine Konfliktreise gegangen. Zugebenermaßen gibt es schönere Touren für uns und unsere Mitmenschen. Doch Konflikte gibt es genauso selbstverständlich, wie es uns Menschen gibt. Mit ihnen umzugehen, manchmal sogar sie auszuhalten, um dann etwas dagegen tun zu können, gehört sicherlich zu den größeren persönlichen Herausforderungen. Gerade im beruflichen Alltag werden wir hiermit Tag für Tag konfrontiert. Privat gelingt es uns manchmal noch, uns zu drücken, aber im beruflichen Kontext ist so etwas aussichtslos.

Rumi schreibt in seinem Zitat, dass es kein Ort gibt, der ganz richtig oder ganz falsch ist. Darum geht es immer bei einem Streit: Konflikte sind eine sehr persönliche, fast intime Angelegenheit. Unterschiedliche Charaktere mit unterschiedlichem Temperament, unterschiedlichen Erfahrungen und Voraussetzungen treffen aufeinander. Da entsteht Bewegung und Dynamik. Positive und negative Emotionen, die sich dann in Konflikten entladen.

Jetzt liegt es an Ihnen, wie Sie mit diesen Herausforderungen umgehen. Ich habe Ihnen einige Hintergründe erläutert, mit den Übungen und Selbstreflexionen sind Sie sich sicherlich ein Stück mehr selbst begegnet. Entscheiden Sie nun, was Sie verändern möchten und wie Sie den kleinen und großen Konflikten im Alltag begegnen möchten. Jeder Konflikt ist anders, aber – er ist beherrschbar. Das Gute ist, er geht, wenn Sie ihn konstruktiv angehen, vorüber und Sie kommen wieder in Ihre Balance.

Um Konflikte anzupacken, braucht es immer Mut, Kraft, Selbstbewusstsein und manchmal auch eine gehörige Portion Geduld und Ausdauer. Denn Sie können Ihr Bestes geben, doch der Ausgang eines Konflikts hängt auch immer von Ihrem Gegenüber ab. Nur wenn beide bereit sind, den Weg zu gehen, entstehen tragfähige Lösungsfindungen. Gehen Sie als gutes Beispiel voran.

Ich wünsche Ihnen alles Gute, immer Ihrem inneren Kraftort nah zu sein und den eventuell aufkommenden Konflikten gestärkt, aufmerksam und positiv zu begegnen.

Herzliche Grüße
Alexandra Karr-Meng

In dieser Reihe sind bereits erschienen:

Mehr Resilienz in meinem Kita-Alltag
Übungen, Impulse und Tipps für innere Stärke
Professionell und stark in der Kita
ISBN: 978-3-96046-201-9

Achtsam Stress bewältigen in meinem Kita-Alltag
Übungen, Impulse und Tipps für mehr Ausgeglichenheit
Professionell und stark in der Kita
ISBN: 978-3-96046-213-2

Chancen sehen und Veränderungen meistern in der Kita-Praxis
Übungen, Praxiswissen und Impulse für mehr Souveränität
Professionell und stark in der Kita
ISBN: 978-3-96046-227-9

Souverän & Selbstbewusst auftreten in der Kita-Praxis
Übungen, Methoden und Impulse für Ihre persönliche Entwicklung
Professionell und stark in der Kita
ISBN: 978-3-96046-241-5